УСВІДОМЛЕННЯ ЗАЛЕЖНОСТІ

для звільнення від неї

Ігор Борисович Каніфольський

Присвячую моїм батькам!

...де Дух Господній, там свобода.

2-Е ДО КОРИНТЯН 3:17

CONTENTS

ВСТУП

В**ітання!**

Я вирішив поділитися деякими знаннями стосовно Терапії усвідомленням, тому що не всі люди мають доступ до психотерапії, а хочеться допомогти всім.

І в мене, за мою більш ніж 30-річну практику, накопичилося достатньо досвіду, який може стати вам у пригоді.

Почати я вирішив з теми залежності, тому що вона є однією з з найпоширеніших та найскладніших.

Та, в той же час, в якомусь сенсі, є універсальною моделлю будь-яких проблем. Якщо ми не можемо вирішити щось, що хочемо вирішити, або не можемо досягти того, чого хочемо досягти, можна сказати, що ми залежимо від цього стану.

Хоча у вузькому сенсі під залежністю розуміються залежності від психоактивних речовин (алкоголь, наркотики), азартних ігор та стосунків. Інколи до них додають ще роботу, секс, а далі список може розширюватись до безкінечності.

Хоча найвідоміші - це перші, алкогольні та наркотичні залежності, можливо, ще ігрові.

Вони часто вважаються мало перспективними в

терапевтичному сенсі та небезпечними в плані втрати не тільки здоров'я, а й життя.

Я і сам добре пам'ятаю це відчуття безпорадності, яке викликала ав мене робота з залежними на початку моєї практики.

Але згодом в мене склалося доволі надихаюче бачення можливостей терапії залежностей, яке в чомусь є інноваційним та може, здається, принести користь.

Як залежним, так і співзалежним.
А також фахівцям, що працюють з з цією тематикою.
Та й взагалі, фахівцям.

А, може, і взагалі, всім бажаючим бути вільними.

Принаймні мій багаторічний досвід це підтверджує.

Тому я вирішив поділитися цим у книзі.

Перепрошую за всі мжливі помилки у формі та змісті.

Ця книга не є заміною психотерапії, але викладена в ній інформація може призвести до ваших власних відкриттів.

І навіть, я думаю, може допомогти комусь позбутися залежності.

У випадку, якщо цього не станеться, будь ласка, шукайте далі та звертайтеся за допомогою.

Ви обов'язково знайдете свій шлях!

Отже, перейдемо до суті.

МІЙ ПОГЛЯД НА ЗАЛЕЖНІСТЬ

Моя ідея полягає в тому, що залежність - це "компенсований невроз".

А невроз викликається психотравмою.

Тому опрацювання неврозу, який лежить в основі залежності, допомагає позбутися її.

А для цього треба знайти та опрацювати ті психотравми, що лежать в основі неврозу

Іншими словами, всередині залежної людини є біль, який вона невдало "лікує" вживанням об'єкта залежності.

А з іншого боку, в неї є нерозкритий потенціал, відкриття якого призведе до свободи.

Це може відбутися шляхом усвідомлення.

Достатнє усвідомлення себе при залежності призводить до звільнення від неї.

Тут важливим є слово "достатнє".

Достатнє усвідомлення будь-якої проблеми призводить до її вирішення.

І залежність тут не є виключенням.

Особливість залежності в тому, що вона пропонує людині конкуруючий хибний шлях покращення свого стану. Це створює більше перешкод на шляху усвідомлення. Але принцип залишається незмінним

"Кількість усвідомлення переходить в якість".

А всі проблеми існують тільки від неусвідомленості.

Причина залежності - це завжди невідання.

Невідання чого?

Наприкінці - своєї справжньої природи, яка є абсолютно вільною.

Кожна людина народжується вільною, ніхто не має залежності, як невід'ємної частини себе (хоча деякі наукові теорії стверджують таке дискримінаційне знання).

Тому залежність - це тимчасовий стан.

Який виникає внаслідок забуття своєї природи.

І подальшого заплутання, складові якого ми розберемо нижче.

А головним у звільненні від залежності є усвідомлення самої людини, яка розплутує та повертає собі саму себе.

Ніхто не може звільнити вас ззовні, ніяке кодування та різні впливи, психологічні або медикаментозні, - хоча вони можуть допомогти - не можуть дати вам свободу.

Лише ви самі можете усвідомити її.

І шлях до цієї свободи - це усвідомлення.

Усвідомлення - можна було б сказати, "глибоке та цілісне усвідомлення" - яке ми розуміємо не лише як спостерігача.

А як творця реальності.

Як ту силу, що може змінити світ. Чи принаймні наш стан, через який ми цей світ сприймаємо. Але іншого світу в нас просто не існує.

І яким же чином буде зміноватися цей світ?

Через усвідомлення та зміну ваших думок, образів, емоцій та відчуттів в тілі усвідомлення буде вести вас до звільнення від залежності.

Так, як ви того хочете або як буде найкраще.

Для вас самих та для тих, хто поруч.

Бо часто від залежності страждають і інші люди.

І, хоча у залежного немає наміру шкодити їм, це відбувається.

Тому звільнення від залежності корисно всім.

ПРО СЕБЕ

Я - лікар-психотерапевт, маю медичну освіту, яку отримав більше 30 років тому, і ще з студентства займаюся психотерапією.

Спочатку гіпноз, потім НЛП, гуманістичний підхід… Я знайомлюся з усіма існуючими в світі методами і намагаюся бути в курсі їх усіх.

Та, як буває, жоден не задовільнив мене повністю.

Але надихнула ідея виділити те спільне, що є в різних методах, щоб спиратися саме на цю суть.
Не роблячи зайвого.

Я пройшов доволі довгий шлях в цьому напрямку.

Але в підсумку мені вдалося досягти те, що я хотів досягти.

І сьогодні мені здається, що суттю всіх методів психотерапії є усвідомлення людиною свого потенціалу.

На цьому шляху я зустрів ще більш глибокі знання про усвідомлення та потенціал людини в буддизмі Тибету.
Та намагаюся інтегрувати їх у психотерапію.

В мене пішло близько 10 років тільки на те, щоб зрозуміти деякі доволі екзотичні терміни, та досвід, на який вони вказують.

Були сумніви, чи можливо використовувати ці знання для широкої публіки?

Але досвід моїх студентів та клієнтів переконливо доводить, що так, це можливо.

І це збагачує терапію.

Моєю метою було зробити її більш дієвою, ефективною, легкою та надихаючою. На користь людям.

Результатом цього шляху і стала Терапія усвідомленням - інноваційний підхід, який розвивається в Україні, ти яким я ділюся з вами.

Цього разу ми розглянемо його стосовно залежності.

Працюю в Києві та онлайн, проводжу навчання онлайн та по різним містам України.

ВАШ ПОТЕНЦІАЛ

Чи відчуваєте ви, що у вас всередині є не розкритий потенціал?

Скоріш за все, так. І так відчуває себе кожна людина.

І залежні теж.

Але для розкриття цього потенціалу нам потрібні умови.

Фізичні, емоційні, духовні, ментальні та соціальні умови, що будуть підтримувати нас.

І якщо цих умов було недостатньо в минулому, то саме тому потенціал наш розкрився не повністю.

Як сказав один сучасний тибетський вчитель, Гарчен Рінпоче:

"Люди подібні до нерозкритих бутонів. А для того, щоб вони розкрилися, потрібні теплі промені з серця бодхісаттви".

Тобто для реалізації людині потрібна людина.

І не просто людина, а підтримуюча людина - бодхісаттва, - що має намір реалізуватися сама та допомагати іншим.

Для розкриття потенціалу людині потрібна підтримка, що сприяє усвідомленню.

Головними умовами розкриття потенціалу є усвідомлення та підтримка.

І саме на усвідомлення я пропоную вам спертися для звільнення від залежності.

Або для допомоги в цьому іншим.

На глибоке та цілісне усвідомлення, що є основою всього.

Ключовим моментом тут є ознайомлення з цим самим усвідомленням, розуміння, що це таке, на власному досвіді.

Вперше вказівку на цю різницю

між "усвідомленням" та "змістом усвідомлення"

я зустрів, як не дивно, зовсім не в буддистських джерелах.

А у філософському словнику у бібліотеці мого батька.

Де я прочитав:

*"Слово свідомість має два сенси. Це зміст свідомості
і здатність усвідомлювати".*

І тільки пізніше я дізнався, наскільки глибоке значення має ця фраза.

Ця відмінність між змістом усвідомлення та здатністю усвідомлювати, між звичайним розумом та усвідомленням або між "сем" та "рігпа", як це називають в Тибеті, є суттю одного з найглибших вчень тибетського буддизму - Дзогчен.

Важливо помітити цю різницю, тому що, коли ви знаєте своє усвідомлення, воно може змінювати ваш світ.

Та саме по собі вже дарує свободу.

Давайте спробуємо познайомитись з ним на практиці.

ВПРАВА 1

Сідайте зручніше.

Це, до речі, вже перша вправа на усвідомлення.

Тому що для того, щоб сісти зручніше, нам треба усвідомити себе.

Мені завжди цікаво, а чому ви до цього не сиділи зручніше?

Та чому ми не використовуємо цю вправу в цілому, до життя?

Як вам така інструкція: живіть зручніше?

Здається, це вже не так легко зробити.

А чому?

Ви можете зробити так само у вашому житті, як і сісти зручніше.

Але важливим моментом тут є, як ви помітили, увага та підтримка.

Допоки я не сказав вам цього, ви не звертали увагу на себе.

Так кожній людині потрібна увага і підтримка для того, щоб вона не тільки "сідала зручніше", а й жила найкращим чином своє життя.

Отже, сідайте (і живіть) зручніше.

Розслабтеся і поспостерігайте за своїми думками.

Про що ви думаєте?

Чи усвідомлюєте ви свої думки?

Помітьте різницю між станом, коли ви просто думаєте, та коли *усвідомлюєте* думки.

А тепер можна звернути увагу на емоції.

Ви переживаєте їх.

І можете *усвідомити*, що ви їх переживаєте.

Спробуйте усвідомити, які емоції ви переживаєте зараз? Спокій, хвилювання, тривогу?

А які емоції ви *усвідомлюєте* стосовно вашої залежності або об'єкту залежності? Або залежності близької вам людини? Або вашиї клієнтів?

Так само з тілесними відчуттями.

Ви можете відчувати їх, а можете *усвідомлювати*, що ви їх відчуваєте.

Те ж саме з внутрішніми образами. Ви можете уявляти їх, а можете *усвідомлювати*, що ви їх уявляєте.

Усвідомлення, що проявляється зараз, і є те саме усвідомлення, що може змінити вас.

Наприклад, через образ себе.

На що схожий ваш стан зараз?

З чим можна порівняти те, як Ви себе відчуваєте?

Який образ описував би ваш стан?

А який образ ви хотіли б мати, як образ вашого стану?

Ким ви хотіли б відчувати себе?

Який образ був би найкращим образом вашого стану?

А чи підходить цей образ для вашого звільнення від залежності?

Який образ вашого стану був би підходящим для цього звільнення?

Ким ви маєте стати? Ким ви маєте відчувати себе?

Так само можна попрацювати і з образом іншої людини, за яку ви переживаєте.

На що схожий, як вам здається, її стан?

А в якому стані ви хотіли б її бачити?

Тут важливе питання:

Як вам здається, ця людина сама хотіла б бачити себе в цьому стані?

Це їй сподобалося б, чи ні?

Якщо ви знаходите образ, який, хоча б на вашу думку, може сподобатись і іншій людині, це дає всі шанси, що вона може його реалізувати.

Бо від хорошого, як кажуть, люди не відмовляються.

Що б не прийшло в усвідомлення зараз, це вже є образ вашого (або іншої людини) потенціалу.

Який розкривається прямо зараз.

Чи змінюються відчуття в тілі, коли ви уявляєте бажаний образ вашого стану?

Інколи це відбувається миттєво.

І це вже прояв вашої потенційності.

Що стосується іншої людини, то в цей момент усвідомлення її потенціалу може змінитися ваш стан та ваше ставлення до неї, а це може призвести до зміни вашого спілкування та її стану внаслідок цього. Або вона може відчути, що ви побачили її потенціал, і теж його побачити. Людям дуже важливо, щоб хоча б хтось вірив в них та бачив їхній потенціал!

УСВІДОМЛЕННЯ ПОТЕНЦІАЛУ

Метою усвідомлення, на мій погляд, є не просто спостереження. А відкриття потенціалу. Який в кожній людині є.

А у випадку залежності - це потенціал свободи.

Далі ми поговоримо про це детальніше.

Зараз хочу лише зауважити, що бачу вирішення будь якої проблеми у відкритті відповідного потенціалу.

Наприклад, звільнення від залежності означає відкриття потенціалу свободи.

Хоча, можливо, в когось це буде називатися іншим словом, бо ми всі різні.

Тож найкраще, якщо ви будете використовувати свою назву - що є протилежністю залежності для вас?

Який потенціал треба відкрити для звільнення від неї?

Важливо, що це в вас вже є!

Моє переконання полягає в тому, що "заводські налаштування" кожного - це свобода.

СПІВЗАЛЕЖНІСТЬ – ЦЕ ЗАЛЕЖНІСТЬ

Якщо ви піклуєтесь про залежну близьку людину, то, можливо, ви залежите від неї, - є залежними від залежного або співзалежними.

Це один з видів залежності.

І ви теж можете звільнитися від співзалежності і проявити свободу.

З якою набагато легше допомагати іншим. Тобто, свобода не означає розрив стосунків.

Як сказав один тибетський вчитель:

"Нам треба досягти свободи та зберегти стосунки з іншими людьми".

Коли ми самі вільні - нам набагато легше допомогати нашій близькій людині.

ЛЮДИНА ВСЕРЕДИНІ ПРИРОДНО ВІЛЬНА

Основна ідея потенціалу полягає в тому, що будь-яка людина всередині вже природно вільна.

Кожна має безумовну радість та свободу всередині себе.

Залежність виникає як вторинне нашарування через певні причини.

А якщо щось виникає, воно має і завершуватися.

І це про залежність також.

Для звільнення від залежності нам не треба створювати нового себе.

Навіть якщо це буде називатися "новий/а я", це буде про повернення до нашого природного стану.

Достатньо повернути собі ту свободу, яка в нас вже є - природно та потенційно.

ПІДТРИМКА В УСВІДОМЛЕННІ

Це важливе та надихаюче бачення. Ми не маємо створювати себе штучно, ми маємо відкрити свій потенціал.

Повернутись до себе.

В кожній людині є безмежний потенціал, який може бути відкритим шляхом усвідомлення - і підтримки.

Варіантом підтримки може стати і ця книга.

Але, якщо її недостатньо, шукайте далі.

І завдяки власному усвідомленні та підтримці ви зможете реалізувати свій потенціал, що призведе до найкращих змін у вашому житті.

Це переконання я придбав в своїй психотерапевтичній практиці, і воно знаходить своє підтвердження в новітніх наукових знаннях.

Наприклад, нейропластичності.

НЕЙРОПЛАСТИЧНІСТЬ

Колись, коли я був студентом, вважалося, що нервові клітини не діляться. Мабуть ви чули такий вислів: "Нервові клітини не відновлюються".

І це обмежуюче переконання поширювалось на стан людини.

Наприклад, якщо у вас були негативні умови в дитинстві, то раніше вважалося, що у вас сформувалася "акцентуація характеру".

Яку не можна змінити.

Треба лише пристосуватися до неї.

Ви можете і досі зустрітися з подібними переконаннями.

Можливо, подібні переконання є чи були у вас.

Але пізніше була відкрита *"нейропластичність"* - здатність нашого мозку змінюватися протягом всього життя.

Сьогодні вважається, що нервові клітини діляться.

Людина може змінитися в будь-який момент.

І що саме призводить до цих змін?

Усвідомлення і підтримка.

Відомі дослідження нейропластичності стосуються медитації, вони викладені, наприклад, у книзі відомого сучасного тибетського вчителя медитації Мінг'юра Рінпоче "Будда, мозок і нейрофізіологія щастя". Яка знайомить одночасно з основами буддистського вчення та нейрофізіологією.

Там наводяться результати експериментів, які доводять, що завдяки практиці медитації змінюється не тільки стан людини, а й її мозок.

Суть медитації - це усвідомлення, як каже Мінг'юр Рінпоче.

Тож, якщо ми хочемо звільнитися від залежності або допомогти в цьому іншим, подібні дослідження мають нас надихають.

Бо усвідомлення - суть і нашої терапії теж.

МОЄ СТАВЛЕННЯ ДО ЗАЛЕЖНИХ

В минулому розвивалися не тільки наукові погляди на можливості людини, але й моє власне ставлення до роботи з залежними.

Я добре пам'ятаю ті часи, коли переживав велику розгубленість стосовно клієнтів з залежністю. Я не знав, що з ними робити.

Але потім протягом кількох років мав щільний досвід такої роботи.

І прийшов до ясного розуміння, яке допомагає мені зараз та надає впевненість.

Яким я й ділюся в цій книзі.

На мою думку, воно може стати у пригоді багатьом.

ЗАЛЕЖНІСТЬ У ВУЗЬКОМУ ТА ШИРОКОМУ СЕНСІ СЛОВА

Бо, як вже йшлося, можна сказати, що є залежність у "вузькому" та "широкому" сенсі.

У вузькому сенсі залежність - це відома всім залежність від алкоголю, психоактивних речовин (наркотиків), ігор, роботи, стосунків тощо.

А в широкому сенсі - це будь яка проблема взагалі, яку людина не може вирішити.

Це залежність людини від цієї проблеми.

І, таким чином, залежність можна розглянути, як концентровану форму проблем.

А свобода, з іншого боку, є універсальним рішенням.

Є дослідження, які доводять, що свобода - це єдиний корелят щастя та задоволеності життям.

Людина може обрати навіть аскезу, але це призведе до

того, що вона буде задоволена своєю аскезою - якщо вона обере її вільно.

І свобода не обов'язково щось зовнішнє.

Інколи люди обмежені зовнішньо.

Але в будь якому випадку вони можуть бути вільні всередині, мати свободу ставлення до того, що відбувається.

І це ставлення може згодом реалізуватися і назовні.

Відомі приклади Віктора Франкла та Нельсона Мандели це підтверджують.

Отже, свобода - єдине, що робить людину щасливою.

Давайте спробуємо усвідомити, наскільки ви вільні зараз?

ВПРАВА 2

Сідайте зручніше або просто залиште все, як є.

Це, до речі, ще одна важлива інструкція для усвідомлення, що надається у вищіх тибетских вченнях. Дуже важливо не створювати ніякої штучності в цьому процесі.

Зазирніть всередину себе і усвідомте - чи відчуваєте ви себе вільною людиною?

Можете виміряти це у відсотках чи за десятибальною шкалою - на скільки ви оцінили б свою свободу тепер?

А на скільки ви хотіли б її мати?

Що заважає цьому?

Можна записати всі перешкоди, які тут з'являються.

Наскільки вільними вам треба бути, щоб звільнитися від залежності, якщо вона у вас є?

Уявіть себе у цьому вільному стані.

Куди цей стан проектується в часі, в майбутнє чи в минуле?

Спроектуйте цей стан в майбутнє, туди, де ви

зможете його знайти, коли туди прийдете.

А що заважає вам відчувати себе вільним зараз?

Що може допомогти звільнитися?

Який шлях веде до цього?

Помедитуйте трохи над цим.

КОЖНА ЛЮДИНА МРІЄ ВІДКРИТИ СВІЙ ПОТЕНЦІАЛ

Гарна новина полягає в тому, що потенціал свободи може бути відкритим у будь-який момент, якщо створити для цього відповідні умови.

Давайте спробуємо це прямо зараз.

ВПРАВА 3

Сідайте знову зручніше або залиште все, як є.

Зосередьтеся на тому, як ви відчуваєте свій потенціал.

Що було б його повною реалізацією?

Якби ви отримали всі умови для цього, якими ви могли б стати?

Що б не з'явилося у вашій уяві - це прояв вашого потенціалу.

Який хоче бути реалізуваним у вашому житті.

І обов'язково реалізується.

Реалізація цього потенціалу і є справжнім проявом вашої свободи.

Коли ви уявляєте свій потенціал, можуть, як не дивно, проявитися і негативні відчуття.

Ви можете помітити не тільки прояв потенціалу, а й перешкоди на шляху.

Це можуть бути негативні думки, образи, емоції та відчуття в тілі.

Якщо вони є - просто помітьте їх.

Можете записати.

Ці перешкоди - те, що вам заважає.

І те, що треба опрацювати на шляху.

Щоб у такий спосіб позбутися залежності.

Можете записати, як ви уявили свій потенціал та які перешкоди усвідомили.

Можна сказати, що цей список є планом вашої роботи над собою.

ЗАЛЕЖНІСТЬ Є ПОВНОЮ ПРОТИЛЕЖНІСТЮ СВОБОДИ

Залежність це стан, в якому людина не вільна в своїх діях. І саме тому, до речі, залежна людина ніколи не може бути щасливою.

Пам'ятаєте, свобода - це єдиний корелят щастя.

Все, що переживає залежний, навіть якщо він переживає тимчасові позитивні відчуття, - це лише "імітація щастя".

Якщо ви залежний чи залежна або співзалежний чи співзалежна, то ви, мабуть, знаєте це.

А чи не хотіли б ви досягти справжнього щастя?

Це питання, до речі, привело багатьох залежних на шлях усвідомлення.

У них виникло питання - чи немає якогось способу по-справжньому насолоджуватися життям, без негативних наслідків?

І такий спосіб є.

Цей спосіб - усвідомлення та свобода.

Свобода дає справжнє щастя, яке не треба імітувати вживанням. Можна сказати, що вживання об'єкта залежності лише показує вам, як насправді ви можете почувати себе, коли звільнитесь.

Показує ваш потенціал, який ви можете реалізувати.

Шляхом усвідомлення.

Чи не хоче ви відчувати себе так - та ще краще - без вживання?

На цьому шляху вам потрібно отримати підтримку в усвідомленні, але потім, коли ви звільнитесь, ви самі зможете підтримувати інших.

СТАН ЗАЛЕЖНИХ: БРЕХЛИВІСТЬ І ПОТЯГ

Повернемося до моєї розгубленості на початку роботи з залежними. Вона була пов'язана також з невідповідальністю цих клієнтів. Залежні брешуть і брешуть навіть самі собі.

Як вони кажуть: "Наркоман каже "Вітаю!" і вже бреше".

Але потім я зрозумів, що ця брехливість є проявом їхньої залежності.

Бо поки є залежність, людиною керує "потяг".

Нестримний потяг до вживання, що є головним симптомом залежності.

Потяг - це відчуття всередині, в тілі, звичайно десь в області живота, що кориниться в підсвідомості, і проявляється у вигляді несподівано виникаючого бажання вживати. З яким людина не може впоратися.

Важливим моїм відкриттям стало розуміння причини цього потягу.

Потяг викликається *різницею* в станах тверезості та вживання.

Якщо у людини вередини багато напружень, дискомфорту та болю в стані тверезості, то, коли вони вживає, вона відчуває значне полегшення.

Це ніби різниця в рівнях води вище і нижче греблі.

Яка створює великий тиск.

Так само велика різниця між станом тверезості і станом вживання створює великий потяг.

І чим більше ця різниця - тим більше потяг.

Але, якщо людина усвідомить цей потяг, його причину та опрацює напруження, дискомфорт та біль в стані тверезості, то у такий спосіб вона звільнитися від потягу та його причини.

І зможе досягти свободи.

І справжнього, а не штучного, щастя.

Що і є метою нашої роботи і нашим методом звільнення від залежності: він полягає в опрацюванні внутрішніх напружень в стані тверезості шляхом усвідомлення.

Опрацювання шляхом усвідомлення означає не тільки повне проживання цих напружень.

Але і відкриття їхніх причин.

Та їхньої потенційності.

Бо ці напруження створені тією ж самою енергією життя, з якою буде створене і щастя.

І нам треба лише звільнити їх від їхньої старої форми або "*трансформувати*" їх.

Що ми і будемо робити в подальшому на сторінках цієї книги.

Якщо повністю опрацювати всі перешкоди, людина звільняється.

Немає напружень, немає залежності.

Тому що немає потягу.

Цей потяг найчастіше буває не усвідомленим - він кориниться в підсвідомості людини і роз'єднаний з її свідомістю.

Тому він керує людиною незалежно від її рішень.

Людина може на повному серйозі вирішити більше не вживати, але потім зробити протилежне. Знайти себе на шляху в магазин. Підвести сама себе. Це називається "зривом".

Для того, щоб запобігти зривам, треба якомога швидше і далі просунутися в стані тверезості в своєму усвідомленні, не відкладати це.

Але поки причини потягу не опрацьовані, залежні люди не повністю керують собою.

І саме тому виглядають, як не відповідальні і брехливі.

Це є проявом їхньої залежності.

Тепер це викликає мене не розгубленість, а співчуття.

Ми також не можемо вимагати від залежних, щоб вони "не хотіли" вживати.

Бо залежність це і є "хвороба бажань".

На початку від залежної людини достатньо просто зацікавленості або навіть "згоди" спробувати терапію, а потім, коли людина отримає хоча б невеликий досвід, вона може вже сама захотіти звільнитися.

Тому що немає нічого кращого, ніж свобода.

Як я вже казав, за причини відірваності від почуттів, залежні люди можуть брехати навіть самим собі.

Таким чином вони обманюють не тільки близьких, терапевтів, наркологів, - вони обманюють себе.

І самі себе почувають від цього ще нещаснішими. І можуть потрапити в замкнене коло, коли вони "п'ють, тому, що їм соромно, а соромно їм тому, що вони п'ють".
Розірвати це коло можна лише на шляху усвідомлення.

Це знання я отримав під час роботи у наркологічних клініках протягом кількох років.

І тепер ділюся ним з вами для вашої користі.

А за цим знанням стоїть ще більш глибоке розуміння природи залежності.

ПРИРОДА ЗАЛЕЖНОСТІ

Що це за розуміння?

Воно полягає в тому, що "залежність - це компенсований невроз".

Залежність - це не причина, а наслідок.

Це не проблема, а невдала спроба вирішення проблеми.

Це те, що прикриває якісь нелади всередині.

В медицині ці нелади називаються "невротичний стан". Принаймні в мої часи так називалися.

А "невротичний стан" в широкому сенсі - це внутрішній конфлікт, як наслідок не опрацьованих психотравм.

Психотравм, що виникли за відсутності балансу викликів та підтримки.

Кожна людина має в житті виклики, які можуть стати травмами. А для того, щоб вони не стали травмами, потрібно достатньо підтримки. В проживанні цих викликів. Якщо цей баланс порушується, людина травмується.

Це призводить до нереалізованості людини, неповного зростання всередині, не повного розкриття її потенціалу.

Але гарна новина, як ви пам'ятаєте, полягає в тому, що це може змінитися.

Змінитися по-справжньому - в усвідомленні та терапії.

А залежність лише тимчасово компенсує цей стан.

Робить людину на деякий час нібито щасливо.

Та має побічні ефекти.

ЗАЛЕЖНІСТЬ Є НАСЛІДКОМ НЕВРОТИЧНОГО СТАНУ, ЯКИЙ, В СВОЮ ЧЕРГУ, Є НАСЛІДКОМ ПСИХОТРАВМ

Якщо ми опрацюємо ці психотравми - стан всередині покращиться. Стан тверезості стане більш комфортним, зрівняється в комфортност зі станом вживання та навіть стане краще його.

Різниця між станами зменшиться або зникне чи зміниться в протилежну сторону.

І сенс вживання буде втрачено.

Зникне потяг.

І залежність теж.

Мета Терапії усвідомленням - покращення стану людини поза вживанням шляхом опрацювання наслідків минулих психотравм.

Дуже важливо зрозуміти, що залежність не є чимось особливим, існуючим самим по собі. Якоюсь невідомою хворобою, що виникає за невідомих причин. Або моральним розпустою.

Це невроз, як і інші, як панічні атаки, фобії (страхи) і нав'язливі дії.

Різниця лише в тому, що в залежності людина нібито знайшла спосіб тимчасового покращення свого стану.

І саме цим залежний/а відрізняється від "звичайного невротика".

В нього/неї нібито є рішення.

Але рішення тимчасове і саме призводить до негативних наслідків.

Оскільки залежність - це компенсований невроз, то для лікування її нам треба лікувати невроз всередині.

А для цього нам треба опрацьовувати психотравми, які його викликали.

І це можна зробити шляхом усвідомлення.

Невроз, як наслідок психотравми, блокує реалізацію потенціалу людини.

І призводить до вживання, для компенсації цього стану, яке що є тимчасовим "вирішенням проблем".

Справжнім рішенням буде звільнення від неврозу. І отримання справжнього щастя та свободи.

Отже, залежність - це "компенсований невроз" - тобто біль, страждання, дискомфорт, які людина приховує своїм вживанням.

І цей невроз був в людини ще до початку залежності.

Залежність є наслідком, а не причиною.

Вона є наслідком тимчасового покращення стану, яке дає вживання. І неможливості покращити його іншим шляхом.

А справжнє рішення - здобуття свободи -залишається для людини недосяжним, поки вона не опрацює насліжки психотравм.

Чи відгукується вам це розуміння?

Ви можете записати свої міркування.

Це дуже важливе усвідомлення, на мій погляд, тому що багато людей вважають залежність "генетично обумовленою", "успадкованою" і так далі. Звісно, це все може мати значення. Але ні в якому разі не визначає людину повністю.

І якщо ми хочемо допомогти людині психологічно - а не шляхом генної інженерії, - то нам треба мати психологічне розуміння цієї проблеми.

Якщо ми думаємо, що залежність - це генетична проблема, то логічно було б шукати допомоги у генетиків. Це просто інший шлях, який ми тут не розглядаємо.

І, все ж таки, мій досвід показує, що принаймні у більшості чи в багатьох випадках, залежність - це компенсація невротичного стану. Який був ще до залежності. І який можна вилікувати психотерапією.

Суть в тому, що людина ще до залежності відчувала

незадоволеність життям, яку, можливо, навіть не повністю усвідомлювала.

Це все - невроз, наслідки не опрацьованого психотравматичного досвіду.

Отже, в чому відмінність залежності від інших видів неврозу?

В тому, що залежна людина знаходить "тимчасове рішення", спосіб тимчасово покращити свій стан.

А в чому головний симптом залежності?

Головний симптом залежності - це потяг, що виникає з різниці між станом тверезості та станом вживання.

Дайте собі час усвідомити це.

Потяг викликається різницею між тим, як людина почуває себе тверезою, і як під час вживання.

Тобто між, наприклад, алкогольним сп'янінням і станом тверезості.

У залежної людини ця різниця між станами дуже велика.

І в стані тверезості вона відчуває велике напруження. А коли вживає, це напруження значно зменшується.

Напруження зменшується і вона відчуває полегшення.

Потім, з розвитком залежності, звісно, це змінюється, і людина вживає вже не для того, щоб покращити свій стан, а просто щоб позбутися важкості стану похмілля, "синдрому відміни".

Але, в будь якому випадку, різниця між станом тверезості і станом вживання у залежного чи залежної дуже велика.

І людина знає єдиний спосіб покращити свій стан, який для неї працює.

А ми можемо запропонувати їй - або вам, якщо це стосується вас - інший спосіб зменшити це напруження і цю різницю, відмінний від вживання.

І це психотерапія, в даному випадку, Терапія усвідомленням.

Це і є шлях усвідомлення, який я пропоную.

Отже, ми дивимося на звільнення від залежності, як на зменшення напруження людини всередині в стані тверезості. Найчастіше це відбувається завдяки опрацюванню наслідків минулих психотравм.

Звичайно, проводити терапію або усвідомлювати себе треба в тверезому стані після завершення вживання через декілька днів.

Бо коли людина в стані сп'яніння, терапія не буде ефективна або її ефективність буде мінімальна. Хоча бувають виключення, коли це працює. Як мінімум, ви підтримуєте людину в своєму прийнятті та зберігаєте контакт з нею, спілкуючись, коли вона в стані сп'яніння.

Але саме в період невживання, "проміжок між запоями", який буває у залежних, людина має попрацювати з собою.

І допомога іншої людини, терапевта, тут може стати у пригоді.

Як і соціальна реадаптація.

Людині потрібно оточення, в якому вона почувала б себе комфортно, знаходила можливість поділитися своїм досвідом, а також пройшла ре-адаптацію - повернення до життя.

Отже, головна наша ідея, що є зрозумілі психологічні причини залежності, які можна опрацювати.

Це наслідки психотравми - невротичний стан або високий

рівень напруження всередині.

В стані тверезості за відсутності вживання.

І колись людина відкрила для себе вживання, як спосіб покращити свій стан.

Вона цей спосіб використовує.

І вважає єдиним можливим для неї.

Якщо ми хочемо допомогти їй, то маємо запропонувати альтернативу.

Альтернативою є усвідомлення.

Це і є наша пропозиція.

Якщо вам вдасться відчути хоча б невеличке полегшення стану без вживання, то це буде, як кажуть, "маленький крок людини по Місяцю, що є великим кроком людства в космос".

Якщо ви отримаєте хоча б невеличкий досвід зміни свого стану без вживання, ви почнете вірити або навіть знати, що є інший спосіб покращити свій стан і досягти розслаблення, щастя, задоволення, свободи - альтернативний вживанню.

Коли це відбудеться, ви вже перестанете бути залежним або залежною, ви почнете свій шлях до свободи, щастя, вирішення проблем.

Це може відбуватися вже, зараз.

Було б дуже добре, якби, читаючи цю книгу, ви налаштувалися не тільки на сприйняття інформації, але і на усвідомлення себе, якщо ви залежні або співзалежні.

Або на усвідомлення можливих шляхів допомоги іншим, якщо ви фахівець.

ШЛЯХ ЗВІЛЬНЕННЯ

З чого ж почати шлях звільнення - шлях покращення стану тверезості або невживання?

По-перше, придбати вірний погляд.

Люди часто вважають, що проблема саме у вживанні, тобто вживання, на їхню думку, є і проблемою, і причиною проблем.

Це поверхневе розуміння.

Воно нагадує анекдот, якраз про п'яницю, який шукає ключі під ліхтарем.

- А де ви їх загубили?
- Там, у темряві.
- А чому шукаєте тут?
- Тут видніше.

Приблизно так люди дивляться на залежність, вважаючи, що вживання, яке є на поверхні, причина проблем.

Таке розуміння ігнорує справжню причину і плутає причину та наслідок.

Не заперечуючи того, що саме вживання теж призводить до проблем, я вважаю, що залежність є наслідком стану, який був до розвитку залежності.

Вживання є "компенсацією", що прикриває нещасливий стан людини всередині.

А звільнення має стати реалізацією потенціалу щастя.

Наслідком цього буде свобода і не вживання.

Тобто людина має почати реалізовувати свій потенціал в тверезості і, у такий спосіб, залежність випаровується.

Для того, щоб це відбулося, нам треба примінити це розуміння на практиці - прибрати перешкоди для реалізації потенціалу.

Якими є наслідки психотравм.

ПСИХОТРАВМИ В ОСНОВІ ЗАЛЕЖНОСТІ

Які психотравми можуть бути у залежних?

У клієнтів з залежністю важливими є декілька видів психотравм.

Це можуть бути "базові" дитячі психотравми.

Найчастіше вони пов'язани зі стосунками з батьками.

І, до речі, у залежних це найчастіше проблема з батьком.

ОБРАЗ БАТЬКА

З мого досвіду, для звільнення від залежності дуже важливо опрацювати саме "внутрішній образ батька".

Я не кажу обов'язково про відновлення стосунків з зовнішнім батьком. Бо батьки бувають різні або їх вже немає на цьому світі.

Але людина має в собі опрацювати негативні емоції, пов'язані з образом батька.

З моїх спостережень, якщо це відбувається, якщо вдається "придбати", так би мовити, "гарного батька всередині", відкрити потенціал "образу батька", то залежність зникає.

В цілому обидва батьки (або заміщаючи їх фігури) дуже важливі для розвитку, навіть якщо людина вже доросла.

І опрацювання стосунків з ними або їхніми внутрішніми образами буває важливим при різних запитах.

Наприклад, в запитах стосовно психосоматики головною фігурою, на мій погляд, є "внутрішній образ матері".

А що стосується залежності, то це "фігура батька".

ВПРАВА 4

Давайте поусвідомлюємо, який образ батька та, взагалі, батьків у вас є.

Йдеться саме про внутрішні образи, які ви уявляєте, коли думаєте про батьків, та які є вже вашими власними образами.

Вони можуть стати позитивними для вас, навіть якщо зовнішні батьки проявляють чи проявляли себе не кращим чином.

Ці образи - це вже ваша справа.

Як кажуть, "якщо в тебе летить лимон, зроби з нього лимонад".

Можливо, це дуже м'яко сказано для вашої ситуації.

Але ви завжди можете знайти свій підходящий образ.

Сідайте зручніше, розслабтеся, наскільки можете, відчуйте своє тіло.

Своє дихання, як ноги торкаються опори.

Проскануйте своє тіло і подумайте, які напруження ви відчуваєте в собі, пов'язані з батьками і, зокрема, батьком?

Що згадується вам, коли ви думаєте про батька,

біологічного чи прийомного, якщо в вас був такий, що відчувається при цьому в тілі, що зявляється в уяві в цей час?

Які емоції ви переживаєте?

Що б не з'явилося, усвідомлюйте це.

Дозвольте негативним емоціям звільнитися в усвідомлені, подібно до того, як туман розсіюється, коли сходить сонце.

Можливо, треба усвідомити, як ці емоції відчуваються в тілі та що було б способом їхнього виразу.

І дозволити відбутися цьому в вашому усвідомленні.

Можливо за ними проявляться позитивні емоції, які ми завжди маємо в глибині душі до наших батьків.

А яким ви хотіли би бачити свого батька?

Яким він хотів би бути для вас, на вашу думку?

Яким він міг би бути, якби сам теж реалізував свій потенціал?

На що це було б схоже?

Що ви відчували б тоді?

Якими зростали б?

Якими були б зараз в цьому випадку?

Що ви відчуваєте в тілі зараз?

Дозвольте проявитися потенціалу вашого батька разом з матерью, такими, якими вони були б, якби повністю реалізували свій потенціал.

Що це дало б вам?

Помітьте відчуття в тілі, які з'являються від цього

усвідомлення.

Спостерігайте те, що ви відчуваєте зараз.

Перебувайте в цьому стані, скільки хочете.

ТРАВМА ПЕРШОГО ВЖИВАННЯ

Є така специфічна травма залежних, яку я назвав "травма першого (або початку) вживання".

Йдеться про те, що людина колись знайомиться з "об'єктом вживання" та робить висновок, що "це їй пасує".

Наприклад, один клієнт згадав в терапії, що мав позитивний досвід алкоголізації під час навчання в ПТУ.

І він зрозумів, що однією з причин його залежності від алкоголю в дорослому віці було підсвідоме бажання повернутися в той радісний стан.

Початок вживання робить об'єкт залежності чимось виключним для людини. Він наділяється ідеальними рисами. Людина ідеалізує його.

Вона починає "любити" цей об'єкт залежності, так, як люблять коханця чи коханку.

Це не було б проблемою, якби не було невротичного фону і це не переростало б у залежність.

ФОНОВА ТРАВМА

Ще один вид травми, який призводить до залежності, - це "фонова травма", яка стається перед початком залежності.

Щось відбувається в житті. Травмою може стати що завгодно. Поняття "психотравма" дуже суб'єктивне.

Будь-яка зміна в житті може стати травмою.

Інколи навіть загальноприйняті позитивні події стають для людини травматичними. Наприклад, підвищення на посаді, одруження, народження дитини, переїзд в нове, навіть краще, житло.

Найчастіше травма дорослих - це ретровматизація, повторення в якомусь вигляді дитячих травм.

Це відбувається для того, щоб вже нарешті їх опрацювати, відкрити свій потенціал.

Але часто людина цього не розуміє і скочується в залежність.

Я вже не кажу про загальноприйняті травматичні події - втрати, розлучення, смерть близьких, невдачі в бізнесі та на роботі, вимушене переселення.

Зараз подібних травм, на жаль, вистачає. І тому ми маємо

підсилювати підтримку один одного.

Якщо баланс викликів та підтримки зберігається, будь-яка подія не стає травмою, а перетворюється на розвиток. Рохгляну це скоро в окремій книзі.

ТРАВМА, ПОВ'ЯЗАНА З ВИЖИВАННЯМ

Ну і є травми, пов'язані з вживанням.

Коли людина вживає, вона отримує додаткові проблеми. І це теж може стати її психотравмами.

Часто люди в алкогольному сп'янінні проявляють агресію до своїхблизьких та навіть коять злочини. Якщо це слава Богу не призводить до вбивства, що також, на жаль, трапляється, люди можуть втратити стосунки, роботу, бізнес, посади, гроші, здоров'я, майно, житло наприкінці.

Шлях деградації, здається, такий самий безмежний, як і шляхрозвитку.

Ячув приклади, коли доволі успішні люди закінчували тим, що ставали безхатьком.

І часто в цьому велику роль відіграє стан залежності, який не дозволяє людині діяти продуктивно.

Такі люди мають викликати в нас співчуття.

В іншому виді залежності - ігровій - люди часто накопичують борги, скочуються до крадіжки та навіть, буває, закінчують життя самогубством з відчаю.

Особливість цього виду залежності в тому, що люди мріють про виграш, який миттєво вирішить всі їхні проблеми.

Але спостереження з терапії показують, що вони часто не враховують емоційний компонент і тому, коли навіть мають виграші, не пипиняють грати, поки не спустять все.

Залежність не відпускає їх.

І проблема не в оому, що існують казино та ігрові автомати, вони самі по собі, так, як і інші об'єкти залежності, не є злом. Хоча декому може допомогти і державне регулювання.

Проблемою є стан людини, в якому вона прив'язується до цих об'єктів і втрачає себе.

Ячув, що в Сполучених Штатах казино сплачують терапію залежних ігроків. Думаю, це приклад соціальної відповідальності. Та показник того, що залежність не потрібна нікому. А заробітки казино отримають в будь-якому випадку.

Залежність від роботи призводить до поофесійного вигорання. Та проблем зі здоров'ям, пов'язаним з ним. А також продуктивністю.

Як би то не було, залежність сама по собі є проблема та наслідком її є цілий букет проблем, що людина може отримати разом з нею.

Сподіваюсь, це має мотивувати нас позбуватися будь якої залежності та допомагати іншим зробити це ще краще та швидше.

УСВІДОМЛЕННЯ

А зараз ми маємо продовжити розглядати, що таке усвідомлення.

Яке може допомогти людині покращити свій стан.

Для того, щоб, як ви пам'ятаєте, позбутися залежності.

Якщо "стан тверезості" покращується, людині перестає бути цікавим об'єкт залежності. Як спосіб покращення її стану.
І, таким чином, людина отримує свободу.

Свобода є результатом покращення стану тверезості.

Коли людина отримує свободу від наслідків психотравм, вона відчуває задоволення життям, наповненість, силу, впевненість в собі, щастя, можливість діяти.

Створює кращі контакти з людьми.

Потенціал проявляється і вона автоматично досягає свободи і від залежності теж.

Тобто тут є свобода "від" залежності і свобода "для" реалізації.

ПОТЕНЦІАЛ СВОБОДИ

Як ви пам'ятаєте, я бачу звільнення від залежності, як реалізацію потенціалу свободи.

Який є в кожній людині. Це наш природний стан.

Ми народилися вільними. Ніхто не народжується залежним.

Потенційно свобода є в кожній людині.
Потенційно кожен всередині може бути вільним.

І це найчастіше якось вже проявлялося чи проявляється в вашому житті, наприклад, в ті моменти, коли ви відчували себе щасливими.

У більшості, все ж таки, ці моменти були в дитинстві.

Або це відчувається як те, що "має бути".

"Незадоволення життям", як не дивно, теж вказує на потенціал. Людина відчуває, що "має бути по іншому". І саме тому вона відчуває незадоволеність тим наявним, що є.

В цьому випадку люди часто ставлять себе в залежність від зовнішніх умов.

І думають: "Якби умови змінилися, якби, наприклад, я мав/ла гроші, то я був/ла би щасливий/а".

А наша ідея полягає в протилежному.

Ми віримо, що на шляху усвідомлення людина може звільнити свій потенціал у внутрішньому світі, і саме це може призвести до зовнішніх змін.

Цей потенціал завжди є, нам треба лише створити умови всередині для його розкриття.

Далі ми продовжимо говорити про те, як ми це робим.

Що саме може бути підтримкою в усвідомленні себе та іншої людини.

Але спочатку давайте глибше розберемося з усвідомленням.

ЩО ТАКЕ ГЛИБОКЕ ТА ЦІЛІСНЕ УСВІДОМЛЕННЯ?

О тже, що ж таке усвідомлення?

Це дуже популярний термін зараз.
Але розуміється він по-різному.

Хтось розуміє усвідомлення, як спостереження, як уважність.

Це усвідомлення проявляється, коли я просто спостерігаю свій стан. І це вже дуже добре.

Насправді дуже добре бути обізнаним, що саме з нами відбувається.

На цьому шляху ми починаємо поступово помічати все більш глибокі, тонкі думки і розуміти їхні причини і так далі.

Це можна опанувати на шляху медитації.

Зараз є ресурси для цього. Наприклад, вийшла гарна книга українською "Усвідомленість". Це восьмитижневий курс майндфулнесу, який можна придбати, з аудіо супроводженням.

Тобто усвідомлення можна розвивати в цьому напрямку.

Але є більш глибоке розуміння усвідомлення, на яке спираємося ми.

Глибоке усвідомлення - це не тільки спостерігач, а і "трансформуючий фактор", "творець" світу.

Один старовинний текст про усвідомлення в тибетському буддизмі, його найвищих вченнях про Дзогчен - "стан самодосконалості", так і називається: "Цар всетворящий".

До речі, це близько до того, що відкривається в сучасній фізиці. Частка стає часткою, коли є спостерігач.

І нами усвідомлення розуміється більш глибоко. Не просто як спостерігач, а як творець, основа і причина будь якого досвіду.

ВПРАВА 5

Сідайте зручніше.

Як ви пам'ятаєте, це вже перша вправа на усвідомлення. Щоб сісти зручніше, вам треба усвідомити себе.

А чому ви до цього не сиділи зручніше?

Тому що не усвідомлювали і не мали підтримки у цьому, як зараз.

Так само і в житті.

Розслабтеся. Відчуйте своє дихання, тіло.

Усвідомте те, що відчувається зараз.

А також того всередині, хто усвідомлює це.

А також того, хто усвідомлює того,хто усвідомлює.

Ви можете вийти в простір, який не є нічим конкретним, але є основою будь-якого досвіду, охоплює все та є просто світлом.

Помітьте це. Перебувайте в ньому.

В цьому просторі всередині є справжня свобода.
І присутність, можливо, близька по сенсу до слова "дух".

Це - здібність безпосередньо "знати та проживати".

Те, що є.

Його причини.

А також те, що може проявитися, потенціал.

Усвідомте свій потенціал, який може проявитися зараз.

ОТОТОЖНЕННЯ - ПРИЧИНА ПРОБЛЕМ

Людина завжди усвідомлює себе в якійсь мірі.

Чому ж виникають проблеми?

Якщо в людини завжди є усвідомлення?

Тому що людина здібна ототожнюватись з і своїми проявами: своїм Я, своїм тілом, своїми відчуттями, емоціями, думками, концепціями та ролями.

І в цьому ототожненні вона втрачає широту та глибину усвідомлення.

Хоча усвідомлення просвічує і крізь ці "фільтри".

Але в ототожненні ми маємо усвідомлення, обмежене Я, нашим дозволом собі та можливістю щось проживати.

Проте, якщо людині задавати питання, відповідь на які вона може знайти лише в усвідомленні, давати підтримку в цьому, то, у відповідь вона може усвідомлювати себе.

В цьому і є наша пропозиція.

Відкривати відповіді в собі.

ВПРАВА 6

Що б ви хотіли отримати, як результат читання цієї книги?

Що було б для вас найкращим результатом?

Що ви хотіли б, щоб реалізувалося в житті?

Завдяки читанню цієї книги?

Та, взагалі, завдяки звільненню - від залежності чи від інших проблем?

Вашому звільненню чи звільненню вашої близької людини?

Чи ваших клієнтів, якщо ви фахівець?

Що ви хотіли б, щоб сталося?

І, якщо у вас з'являється відповідь, це і є проявом вашого потенціалу. І вашого усвідомлення. Бо ці відповіді є тільки у вас.

Це - усвідомлення вашої потенційності. У вигляді мети.

Усвідомлення проявляється у відповідь на ці питання.

ПЕРЕШКОДИ

К**оли ви усвідомлюєте ваш потенціал, ваш бажаний стан, який ви хотіли б реалізувати в майбутньому, то, поруч з приємними відчуттями, емоціями, образами та думками, як не дивно, можуть зявитися і неприємні.**

Наприклад, це може бути "стискання в тілі", страх або негативний образ чи обмежуюче переконання, яке спливає в свідомості.

Ці неприємні прояви теж треба усвідомити. Бо вони є перешкодами до реалізації бажаного вами стану.

Які треба опрацювати.

Ці неприємні відчуття, які з'являються, коли ви думаєте про приємне та бажане, є наслідком ваших минулих травматичних досвідів, висновків та реакцій.

Які залишилися в підсвідомості і заважають вам.

Звільнення від них є важливою частиною шляху усвідомлення.

Цікаво, що тибетське слово, що означає "будда" (як стан, потенційно притаманний будь-якій людини, а не як історичний Будда Шак'ямуні) - "санг'є" - буквально означає "повністю очищений і повністю проявлений".

Мені здається, це гарна мета для будь якої людини: повністю звільнитися від усіх перешкод і повністю проявити свій потенціал.

Звільнитися від залежності і проявити свободу в нашому контексті.

І зробити це можна шляхом усвідомлення.

УСВІДОМЛЕННЯ - ЦЕ СВОБОДА

От що таке усвідомлення в нашому розумінні і можна його називати "глибоке та цілісне усвідомлення", щоб якось відокремити від поверхневої "уважності".

Це усвідомлення і є справжня свобода.

Слово "свобода", теж, схоже, має санскритське коріння "свабодха", що означає "єднання з пробудженням".

Тобто свобода це і є усвідомлення.

Усвідомлення містить в собі не тільки свободу, а й мудрість, і, в той самий час, любов. Свобода, любов і мудрість в одному.

Це пробуджений розум.

Як йшлося, це схоже на слово "дух".

І дух теж має риси свободи.

"Дух віє, де хоче", сказано в Євангелії.

"Де Дух Господень, там свобода".

Ми прагнемо проявити дух або допомогти проявити його

людині.

І називаємо це усвідомленням.

Саме усвідомлення - це вільний стан всередині.

Це дуже важливо зрозуміти і відчути для звільнення.

Певний простір всередині, з якого народжуються вільні думки, слова та дії.

Людина проявляє себе найкращим чином, вільно, в найкращих своїх проявах, проявляє свої потенційні риси.

“Ви в дусі чи не в дусі?” - запитуємо ми на побутовому рівні.

Якщо людина “в дусі”, а дух - в ній, то вона буде краще думати, говорити та діяти.

Та й в цілому жити.

Якщо людина дійсно перебуває “в дусі”, в неї не буде проблем, зокрема, залежності.

І це досягається шляхом усвідомлення.

З одного боку - усвідомлення бажаного стану, чого ми прагнемо і де хочемо опинитися?

А з іншого боку - усвідомлення перешкод у внутрішніх відчуттях, емоціях, образах та думках, що заважають звільненню.

Ці внутрішні перешкоди заважають прояву свободи зараз.

А звільнення від залежності - це прояв свободи.

Це не вирішення питання “вживати або не вживати об'єкт залежності”.

Людина усвідомлює сама, що їй краще, коли вона звільняється від залежності всередині.

ПОТЕНЦІАЛ, ЯК НАСІННЯ

М и вже говорили про потенціал людини.

Давайте трошки розширимо це розуміння.

В кожній людині є потенціал свободи, як в кожному насінні є квітка.

В насінні потенційно є квітка.

А в людині потенційно є її найкращий потенціал - образ і стан, - яким вона може стати та відчувати себе.

Але так само, як насіння потребує умов для того, щоб стати квіткою, людина потребує умов, щоб реалізувати свій потенціал.

Ці умови, необхідні людині, можна порівняти з умовами для насіння.

УМОВИ ДЛЯ РЕАЛІЗАЦІЇ ПОТЕНЦІАЛУ

Подібно до землі потрібні матеріальні умови - їжа, житло, одяг.

Подібно до води - емоційні умови - любов, підтримка, турбота.

Подібно до сонця - духовні умови - повага, прийняття, свобода вибору.

Подібно до повітря - ментальні умови - інформація, якісне спілкування, освіта.

Якщо всі ці умови присутні, то людина зростає і стає собою, в цьому немає проблем.

Пам'ятаєте, як Форрест Гамп відповів на питання:
"Ким ти станеш коли виростеш?"

\-   *А що хіба я не буду самим собою?*

Якщо умов не вистачило, то потенціал людини відкривається не повністю.

Наприклад, якщо не вистачило емоційної підтримки, то всередині можуть не відкритися якісь емоційні якості. Такі, як впевненість в собі, здібність до близькості.

Якщо не вистачило поваги до особистості, людина може не знати, чого вона хоче в житті.

Якщо не вистачило якісного спілкування, освіти та інформації, в людині може не розвинутись розуміння причин та наслідків її вчинків.

Це все дуже індивідуально.

Але, коли потенціал розкривається не повністю, людина відчуває нереалізованість та невдоволеність життям.

А також не бачить виходу.

І саме тому радіє компенсації цього стану у вигляді вживання об'єкта залежності.

Та не може врахувати наслідки своїх дій і потрапляє в залежність.

В неї з'являється неконтрольований "потяг" до вживання.

І вона більше не керує своїм життям.

ЩАСТЯ ВСЕРЕДИНІ ВАС, А НЕ В ОБ'ЄКТІ ЗАЛЕЖНОСТІ

Тут можна зауважити, що об'єкт залежності не створює щасливий стан.

Наприклад, алкоголь. Він лише тимчасово звільняє той потенціал щастя, який є всередині. Але звільняє його в кредит.

Це тимчасове звільнення можливо завдяки тому, що алкоголем тимчасово отруюються певні відділи кори головного мозку. І, у такий спосіб, тимчасово зменшується негативний вплив відбитків минулого.

Та радість, яка була всередині, проявляється.

Подібним чином діють і інші об'єкти залежності. Це завжди кредит, який треба віддавати. І в залежності проценти по ньому постійно ростуть.

але будь-який позитив, який з'являється під час вживання, знаходиться в самій людині.

Він не знаходиться в речовині, яку людина вживає.

Речовина (або інший об'єкт залежності) лише створює умови для тимчасового вивільнення щастя зсередини.

Чи можемо ми знайти інший шлях вивільнення цього потенціалу щастя зсередини - без вживання?

Цим шляхом якраз є наша терапія.

Підтримка в усвідомленні дозволяє створити умови для відкриття потенціалу щастя зараз, навіть якщо їх не вистачило в минулому.

ВІДЧУТТЯ "ДИТИНИ" ВСЕРЕДИНІ - ЦЕ ОЗНАКА НЕ РОЗКРИТОГО ПОТЕНЦІАЛУ

При усвідомленні себе в стані залежності, людина часто знаходить в собі "нещасливу дитину", дитячий образ.

Навіть буває, інші помічають, що людина веде себе, "як дитина".

І якщо ми знайшли цей образ дитини, то ми можемо дати цьому образу таку підтримку, яку він хотів би отримати, наприклад, підтримку батьків.

Ми це робимо в терапії. Я сподіваюся, що щось подібне може відбутися у вашому усвідомленні і прямо зараз.

Або ви просто зрозумієте цей механізм.

І це теж непогано, якщо ви будете розуміти, що є шлях, яким за бажанням можна пройти.

ДУХОВНІ УМОВИ РОЗКРИТТЯ ПОТЕНЦІАЛУ

Ми вже згадували що, подібно до світла, людині потрібні духовні умови.

Це повага до особистості, свобода вибору. Це прийняття її індивідуальності.

І часто людина не отримує цього з дитинства.

І саме тому не розкриває свій духовний вимір, свою духовну красу, повагу до себе, впевненість в собі, свій духовний досвід, свою свободу.

Потенціал свободи не розкривається.

Але гарна новина, що і тут потенціал залишається з людиною і може розкритися у будь-який момент, коли людина нарешті отримає умови для його розкриття.

Всередині себе.

Це важливий момент - ці умови можуть не допомогти дорослий людині, якщо вони створюються ззовні, наприклад, коли людина досягає певного успіху в житті.

Але всередині може залишатися не розкритий потенціал дитини.

І ці умови треба створити саме для цього потенціалу там, всередині, у внутрішньому світі.

Це і є, власне, наша основна ідея і наша робота в Терапії усвідомленням - створення умов для відкриття потенціалу.

Потенціал людини не втрачається.

Навіть якщо умов в дитинстві не вистачило для його розкриття.

Він залишається з людиною і може бути відкритим в будь який момент.

Зараз.

Цей момент наступає, коли людина - ви - зустрічаєтесь з цими знаннями та отримуєте досвід усвідомлення і підтримки всередині.

В цей момент і настають умови, для розкриття вашої потенційності.

На жаль, на шляху до цього треба пройти шар перешкод, негативного досвіду, який теж треба розділити і вивільнити в усвідомленні.

А після цього вже відкривати потенціал.

Але, основна ідея, що потенціал залишається в людині і може бути відкритим в будь який момент, мені здається дуже надихаючою!

МЕНТАЛЬНІ УМОВИ РОЗКРИТТЯ ПОТЕНЦІАЛУ

Як повітря потрібні людині ментальні умови. Якісне спілкування, з дорослими, наприклад, в підлітковому віці.

Це дуже важлива потреба у "наставництві", яка у багатьох не задовільнена.

І тому вони залишаються всередині невирослими підлітками, в чомусь невпевненими, інколи не можуть обрати свій шлях.

Цей стан теж може проявлятися у вигляді залежності.

Як повітря важлива якісна інформація.

А також якісна освіта.

Якісна освіта важлива умова для реалізації. "Якісна" мається на увазі відповідна до тих цілей, які людина має в житті, які хоче реалізувати.

До цих чотирьох умов - матеріальні, емоційні, духовні та ментальні - можна додати ще "простір".

І простір подібний до самого усвідомлення

Для того, щоб людина зростала, потрібно усвідомлення, в якому все це відбувається.

Усвідомлення є простором, в якому відбувається реалізація і в якому проявляються всі інші - матеріальні, емоційні, духовні, ментальні - умови.

Як ми вже говорили, якщо є умови - потенціал розкривається, людина зростає і відчуває себе цілісною, в неї не виникає залежності.

Якщо цього не трапилося в житті, можна доповнити це в терапії або самоусвідомленні в будь-який момент.

Але розкриттю потенціалу заважають психотравми.

І коли людина має травматичні умови, вона зростає лише фізично, виглядає дорослою, але всередині може залишатися "дитиною".

І тому вона може потрапити в залежність.

Проте потенціал залишається з людиною і може бути відкритим в будь який момент, коли нарешті з'являться підходящі умови.

Ми прагнемо створити їх в терапії.

Для розкриття, нарешті, вашої потенційності.

Надаючи підтримку в усвідомленні.

Підтримку ментальну - знаннями, підтримку емоційну - співчуттям.

Теплом, прийняттям, любов'ю, простором і свободою.

Якщо ми даємо людині достатньо прийняття і свободи, надихаємо її, приймаємо її, якою вона є, дозволяємо їй теж прийняти себе і почати розвиватися з того стану, що є зараз, якщо людина має достатньо свободи в цьому процесі і достатньо ментальної підтримки, тобто знань, якими, наприклад, я зараз ділюся, подібних до цього,

або знань, які питання собі чи іншій людині можна задати для розкриття усвідомлення і потенціалу,

а також, якщо все це відбувається в підтримуючій емоційній атмосфері, без засудження, без негативу, без насильства, вільно та доброзичливо,

то це і є необхідні умови для розкриття вашого потенціалу прямо зараз, саме в цьому процесі усвідомлення.

ПІДТРИМКА УСВІДОМЛЕННЯ

Якщо говорити про підтримку усвідомлення, як я вже казав, це є безпечний простір.

Тобто ми не можемо примусити людину звільнитися від залежності, примусити стати вільною.

Людина лише може звільнитися лише сама.

Це відбувається, коли вона отримує безпеку та свободу і підтримку в цьому процесі.

Звісно, якщо йдеться про життя поза межами терапії, то залежна людина буває небезпечна для близьких. І тоді їм треба попіклуватися, по-перше, про себе, свою небезпеку.

Але тут йдеться про особливі моменти.

Наприклад, відверті розмови, якщо це поза межами терапії, або процес самоусвідомлення, якщо залежність це тема, яка стосується вас особисто, або співзалежність, де ваша близька людина залежна, і ви можете використовувати для себе всі ці умови, які описані тут, шукати їх та створювати їх в самій/ому собі, та створювати їх іншій людині, коли це можливо.

Це створюється також під час терапевтичного процесу.

Якщо говорити про терапію, то важливими є питання на усвідомлення.

Також можуть бути корисними гіпотези та інтерпретації.

Теоретичні знання теж можуть допомагати людині усвідомлювати себе, в цьому їхній сенс.

Якщо теорії, гіпотези та інтерпретації допомагають людині усвідомлювати себе - це гарні і корисні теорії, гіпотези та інтерпретація для цієї людини.

Якщо ні, вона має знайти або своє розуміння, відкрити його в процесі усвідомлення, або шукати далі і знаходити таке пояснення причин залежності, яке їй підійде для звільнення, і спиратися саме на це розуміння.

РЕСУРСНІ ЧАСИ ТА СТАНИ

Допомагають усвідомленню також ресурсні часи та стани. Ну, наприклад, стан тверезості після того, як пройшов абстинентний синдром.

Є цікаві дослідження, що наркозалежні звільнялися від залежності, в них проходила навіть "ломка", якщо вони опинялися в гарних кліматичних умовах. Теплий клімат, море, океан, пляж, гарна їжа, безпека і так далі. В таких позитивних та комфортних зовнішніх матеріальних умовах люди звільнялися від залежності. Я сподіваюсь, що в цих дослідженнях була також емоційна підтримка.

Це дуже важливо, коли в людини є певні ресурси: стосунки та інші соціальні ресурси, робота, гроші, час тощо.

Ці ресурси створюються інколи в різних притулках для залежних чи в духовних закладах, де приймають залежних на реабілітацію.

Тобто ми маємо шукати та створювати ресурсні часи та стани для того, щоб краще усвідомлювати.

На початку це залежить від місця та часу, де ми знаходимось. А потім ми зможемо не залежати від них.

МЕТА ЛЮДИНИ

Впливає також на усвідомлення мотивація, цілі. Якщо людина сама захотіла, в неї немає перешкод, вона завжди знайде все, що їй треба усвідомити, щоб звільниться від залежності.

Проблема тут в тому, що залежність це є "хвороба бажань". І чатсо хоче людина зовсім іншого.

Але людина може на рівні розуміння побачити для себе шлях.

І хоча б погодитись на терапію та зацікавитись справжньою свободою.

Спробувати усвідомлення.

І тоді вона може отримати досвід, який змінить її бажання.

А після цього вона вже може *захотіти* реалізації того, що буде надихаючим для неї.

НЕУПЕРЕДЖЕНЕ ПРИЙНЯТТЯ

Для допомоги залежним важливе неупереджене прийняття. Ми вже про це казали. Люди часто думають, що, якщо вони проявляють прийняття, то це буде означати, що вони підкріплюють залежну поведінку людини.

Але ми говоримо про прийняття з вірою в людину, з баченням її цінності, потенціалу, та без засудження, без упередженості.

Це дуже важливо. Ще давно, за часів зародження гуманістичної психології, Карл Роджерс відкрив, що, як не дивно, прийняття є першою точкою в змінах.

Це таке трохи дивне і для багатьох не очевидне знання про те, що, якщо ми даємо хоча б мить спокійного, нейтрального прийняття того, що є зараз, наче відображення його в рівному та чистому дзеркалі, то з цього моменту починаються зміни.

Та людина дає це прийняття самій собі.

Це подібно до того, як ви побачили, що в кімнаті треба прибрати.

Ви не засуджуєте кімнату, ви приймаєте це завдання.

Є такий бруд, яким треба зайнятися.

І в цей момент починається прибирання.

Так само тут.

З моменту нейтрального неупередженого прийняття починається робота усвідомлення.

Поки ми відштовхуємо щось всередині, йде боротьба.

А усвідомлення - це не "діяння".

Для усвідомлення не обов'язково, щоб ви щось робили всередині. Саме усвідомлення зробить все, що треба, а почнеться воно зі спокійного не засуджуючого прийняття.

Часто у залежних є самозасудження, яке вони можуть не проявляти і не розділяти з близькими людьми.

Як в тому сумному жарті про сором.

От якраз цей сором має бути звільненим в усвідомленні через прийняття цього сорому.

А потім того факту, що є залежність.

Як в анонімних алкоголіків, коли вони встають і кажуть: "Я алкоголік".

Це момент прийняття і прояву себе в тому стані, який є зараз.

І з цього моменту змінюється все, тому, що людина починає дозволяти собі мінятися.

Тут можна додати, що в кожній людині є тенденція самозвільнення, саморозвитку.

І ця тенденція працює, коли немає засудження, коли є

прийняття.

Прийняття не рівно схвалення, не є погодження.

Навіть не твердження того, що є.

Це просто відображення, з якого починаються чи можуть початися зміни.

ОПРАЦЮВАННЯ ПЕРЕШКОД

Ми розглянули структуру залежності, ми розглянули, що таке усвідомлення. Ми поговорили про потенціал людини, тобто ваш потенціал, і вашу здібність усвідомлювати, яка може допомогти проявити цей потенціал.

Але чи не найчастіше на шляху до цього ми зустрічаємося з "перешкодами".

З негативним досвідом, який зберігається всередині, поки він не розділений, не опрацьований, не звільнений.

І саме за цієї причини у людей з'являються проблеми в самоусвідомленні і вони потребують підтримки.

Тому що зустріч з перешкодами не дуже приємна та непосильна.

У людей бувають неприємні болісні та межові відчуття, з якими не хочеться і не можливо продуктивно зустрітися.

І саме тому підтримка може бути необхідною.

Підтримка для того, щоб ви могли звернутися до цих проблемних елементів досвіду, болісних, неприємних, від яких хочеться втекти, відвернутися, витіснити їх в підсвідомість.

Я не знаю, чи буде коректне таке порівняння, але це схоже на те, як людина не хоче йти до стоматолога.

Навіть коли вона знає, що після цього буде легше.

Але Терапія усвідомленням, на мій погляд, більш приємний процес.

ЗНЕБОЛЕННЯ В МЕТАФОРІ

В нас є певні методи знеболення, наприклад, переведення досвіду в "метафоричний вигляд".

З чим можна порівняти те, що з вами сталося?

На що це схоже?

У відповідь може з'явитися метафора, наприклад, "я зламався".

І ми можемо продовжити говорити про те, що саме "зламалося*, як, чому, на що воно схоже, в третій особі.

Це легше.

Метафори звільняють нашу свідомість від обмежень побутового сприйняття та дозволяють трансформуватися стану.

Це не єдиний, але дуже корисний інструмент.

ОПРАЦЮВАННЯ ВІДБИТКІВ МИНУЛОГО

Такий простір усвідомлення, підтримка "дисоціації", що ви зараз не там, ви тут, і ми говоримо про те минуле, яке минуло, та ще й в метафоричній формі, знеболює.

Це допомагає зустріти та опрацювати наслідки психотравм, не занурюючись в них занадто.

Бо занурення не є нашою метою.

Наша мета - підтримка усвідомлення і звільнення людини від наслідків цих психотравм.

Ми не можемо змінити минуле, але ми можемо змінити його наслідки в сьогоденні.

Саме цим ми займаємося, коли працюємо з образами минулого.

І ці відбитки минулого можна опрацювати "тут і зараз".

А можна "там і тоді".

Все це минуле має значення лише з тієї точки зору, як воно

впливає на сьогодення.

Пам'ятаєте, той контраст між тверезостю та вживанням?

І якщо опрацювання минулого дозволить людині звільнитися від багаторічних напружень зараз, то це шлях до покращення її стану.

Людина відчує полегшення, різниця між вживанням і тверезостю зменшиться, потяг зменшиться і залежністьсті піде.

Отже, ми поговоримо далі про психотравми та їх опрацювання.

Та про так звану Мапу усвідомлення, яка вказує, в якому напрямку можна подивитися та які питання задати - собі або клієнту - щоб "здобути скарб" - відкриття потенціалу.

Для того, щоб усвідомлення було саме таким, як нам треба, - глибоким, цілісним та звільняючим.

ЩО ТАКЕ ПСИХОТРАВМА

Можливо, вам відомий цей термін: психотравма - це подія, яка травмує психіку.

Пам'ятаєте, ми говорили, що є "широке усвідомлення", яке охоплює весь досвід.

А є ототожнення з нашим "Я".

І ось це "Я" травмується.

Травмується наше ототожнення.

Усвідомлення не може травмуватися і якраз є тією опорою всередині, на яку ми можемо завжди спертися для того, щоб пройти травматичний досвід з розвитком.

Що є альтернативою травмуванню.

Для цього нам треба мати навичку перебувати в усвідомленні або мати підтримку в цьому.

Бо в моменти травми або контакта з минулою травмою всередині усвідомлення звужується.

ЩО МОЖЕ СТАТИ ПСИХОТРАВМОЮ

Що може стати психотравмою?

Це може бути будь яка зміна в житті.

Досвід, який є "болісним, межовим та несподіваним" - суб'єктивно.

Та не розділеним повністю.

Це не те, про що людина мріяла, вона не думала, що буде так.

Часто навіть не припускала, що це може бути в її житті.

Та в житті взагалі.

Цей досвід є межовим (раніше я вживав слово "позамежний", але Таня Стус повідомила мені, що українською "позамежний" означає сакральний, а той, що виходить за межі або знаходиться на межі прийняття - "межовий").

Межовий для кого?

Для ототожненої особистості.

Він є неочікуваним, несподіваним і раптовим з Я-точки

зору.

Якщо ви запитаєте людину, чи було це несподівано для неї, вона відповість "так".

Отже, травма це суб'єктивно

- несподіваний,
- болісний,
- позамежний нашому "Я" та
- не до кінця розділений

  досвід.

Тут важливе слово "суб'єктивно", тому що зі сторони це може здаватися не таким, як сприймається самою людиною.

Інколи загальноприйнятий жахливий досвід не стає травмою та навпаки, якісь "дрібниці" в загальноприйнятому сенсі можуть стати травматичними.

Інколи травматичними стають навіть загальноприйняті позитивні події, такі, як одруження, народження дитини, переїзд у кращу квартиру, підвищення на посаді тощо.

Будь-яка зміна в житті або її відсутність може стати травмою.

Але найчастіше травматичним стає загальноприйнятий жахливий і болісний досвід.

Який зараз ми всі переживаємо.

Хоча травмою він стає не обов'язково.

Тому що ніякий досвід не є "межовим" нашому усвідомленню.

Усвідомлення охоплює будь який досвід.

Для цього ми маємо проявити цю здібність.

І найчастіше для цього потрібно розділити свій досвід з

іншою підтримуючою людиною.

ІГОРБОРИСОВИЧКАНІФОЛЬСЬКИЙ

іншою підтримуючою людиною.

КОРИСТЬ СПІЛЬНОТ

Саме тому залежним бувають корисні спільноти колишніх залежних, такі, як анонімні алкоголіки (АА) та наркомани (АН).

Я не кажу, що це обов'язково, бо є різні рівні залежності та різні люди. Хтось може обійтись і без цього. У кого достатньо соціальних ресурсів, оточення тощо.

А іншим це може бути просто необхідно.

Бо якщо людина не мала досвіду залежності або травми, вона часто не може розділити подібний досвід інших людей.

Хоча, якщо людина достатньо чутлива, розвинена, емпатійна, усвідомлена, вона може розділити будь-який досвід, приймаючи, що він може відрізнятися від того, що є в її житті.

Коли вона приділяє увагу саме іншій людині, а не намагається нав'язати їй свою думку.

І оце *"розділення досвіду"* є важливим моментом для опрацювання травм.

Якщо ми розділяємо і надаємо підтримку в цьому розділенні без засудження.

Пам'ятаєте про різні види підтримки: фізичну,

емоційну, духовну, ментальну?

Прийняття, співчуття, повагу до особистості?

Якщо всі ці умови є в нашому розділенні, тоді травма стає розвитком.

РОЗВИТОК УСВІДОМЛЕННЯ

Розвивається особистість - розвивається усвідомлення, воно стає більш широким, гнучким, мудрим.

А потім людина може взагалі стати цим цілісним усвідомленням всередині себе.

Це розширення і цей розвиток усвідомлення може вийти навіть за межі нашого "Я".

Отже, завдання опрацювання травми при залежності - це усвідомлення її з розвитком.

Нам не обов'язково досягати "вищої реалізації" в цьому процесі.

Але ми маємо допомогти розширити усвідомлення настільки, наскільки це потрібно для звільнення.

І для цього ми часто маємо усвідомити важливі для цього психотравми, охопити їх.

В атмосфері підтримки та безпеки спілкування.

І коли цей досвід охоплений, він перестає бути травматичним.

Важливо в цьому процесі поважати вибір самої людини.

Якщо людина, наприклад, зараз не хоче про це говорити, ми не маємо її примушувати.

Чому?

Тому що ми маємо створити умови, протилежні травмі.

А це означає, що цей досвід має бути для людини *очікуваним*.

Людина має його *обрати*.

Ми маємо дати *свободу* людині в терапевтичному процесі.

Ми запитуємо, чи хочете ви говорити про це, чи ні, зараз чи потім, про це, чи про інше.
"Якщо вам це цікаво, якщо це важливо.
Чи хотіли би ви поділитися цим, чи не хотіли б?".

І так далі.

Таким чином ми даємо людині справжній, не маніпулятивний, з повагою до її особистості, її свободи досвід і в цьому досвіді людина отримує протилежність травми.

У такий спосіб травма може бути опрацьована.

ФЛЕШБЕКИ

До моменту опрацювання травма витісняється в підсвідомість і проявляється у вигляді напруження - тілесного або емоційного, - в негативних думках та образах, та у так званих "флешбеках", коли людина отримує несподівані спогади минулих травматичних подій, про які вона не хотіла б думати. Але вона прокидається вночі в холодному поті.

Ці "спалахи минулого" можуть проявлятися і вночі, і вдень, коли трапляються якісь тригери.

Ці "флешбеки" ("спалахи минулого") вказують на те, що є досвід, який треба опрацювати.

Я бачив деякі рекомендації, що людині треба відволікатися від флешбеків.

Така стратегія, можливо, може принести користь. Але флешбеки вказують на те, що є щось в підсвідомості, чому треба приділити увагу. І без приділення цієї уваги флешбеки можуть і не пройти.

А якщо занадто настирливо заганяти їх в підсвідомість, то вони можуть проявитися, як психосоматика.

Як ви пам'ятаєте, компенсацією цього підсвідомого напруження є і залежність.

В залежності людина тимчасово покращує свій стан, але вона отримує негативні наслідки в довгостроковій перспективі.

Коли збільшується доза, вже не так покращується, а, в цілому, погіршується стан.

Людина вичерпує свій ресурс.

Вживаючи, людина витрачає свої ресурси щастя і вони можуть виснажуватися завдяки цьому.

Людина отримує абстинентний синдром (синдром "відміни вживання").

І в цілому її стан стає ще гірше.

В залежності немає розвитку. Це ходіння по колу. Або навіть по спіралі, яка веде вниз. До деградації.

Як вже йшлося, це схоже на кредит з великими відсотками.

І якщо людина це усвідомлює, вона може підхопити сама себе в цьому процесі або шукати допомогу.

І допомога якраз буде в опрацюванні цього напруження в підсвідомості, на яке вказують флешбеки.

Якщо це все опрацьовується, то людина стає вільною від флешбеків.

А також від залежності.

Потреба в об'єкті залежності зникає, коли повністю опрацьовуються всі напруження.

В цей момент людина звільняється від залежності повністю.

І це опрацювання може статися у будь який момент.

Цей досвід, на який вказують флешбеки, чекає свого часу.

І саме тому нагадує про себе.

Як в одному стародавньому тибетському тексті, "Хеваджра-тантрі", сказано:

"У путах існування спіймані живі істоти, але саме завдяки існуванню вони досягають звільнення".

Напруження тримає людину.

Але завдяки напруженню ми можемо знайти його причини та опрацювати їх.

"Що заважає нам - нам допоможе".

РІЗНІ ВИДИ ТРАВМ

Ми вже говорили про те, що психотравми у залежних бувають різні.

Це може бути базова психотравма або цілий травматичний період тривалістю "з дитинство".

Тривалі жахливі умови в дитинстві або окремі випадки, які інколи навіть не здаються жахливими, можуть стати травматичними.

Бувають також фонові травми - перед початком залежності.

Ну і, звісно, у людини в залежності виникають психотравми, які вже є наслідком вживання.

Коли людина створює конфлікти, проблеми, втрачає роботу, стосунки, здоров'я тощо.

Їх теж треба опрацювати для того, щоб людина "вийшла на свободу".

СУБ'ЄКТИВНИЙ СВІТ

Ми ніколи не можемо оцінити, що стане травмою, ззовні.

Це суб'єктивне сприйняття. Ми всі по різному сприймаємо цей світ.

На це вказують прості досвіди.

Наприклад, якщо попросити вас уявити хліб, то ми уявимо різне.

Я уявляю литовський заварний, а хтось уявить білий батон, хтось сірий, а хтось хліб з дитинства, а хтось пшеницю у полі.

Тобто дуже різне буде розуміння навіть такого простого, хоча і важливого, слова, як "хліб".

А що ж казати вже про більш складні речі, такі, як "щастя"? "Свобода"? "Цінне"? "Бажане"? "Повнота життя"?

Це неможливо оцінити ззовні.

Тому в опрацюванні травм нам треба приділяти увагу суб'єктивній оцінці людини або своїй власній, якщо йдеться про нас самих.

РІЗНІ РІВНІ УСВІДОМЛЕННЯ

Коли ми говоримо про опрацювання, то, ви вже зрозуміли, важливим є розділення досвіду. Яке дозволяє повністю прожити та усвідомити його.

Це *перший рівень* або *напрямок* усвідомлення.

Є також рівень, на якому людині буває важливо *проаналізувати* свій досвід.

Не тільки прожити і розділити, а ще й усвідомити його з точки зору "причин та наслідків".

Це *другий* рівень усвідомлення.

А також на третьому рівні можна відкрити потенціал.

Пройти ці рівні нам допомагає Мапа усвідомлення.

МАПА УСВІДОМЛЕННЯ

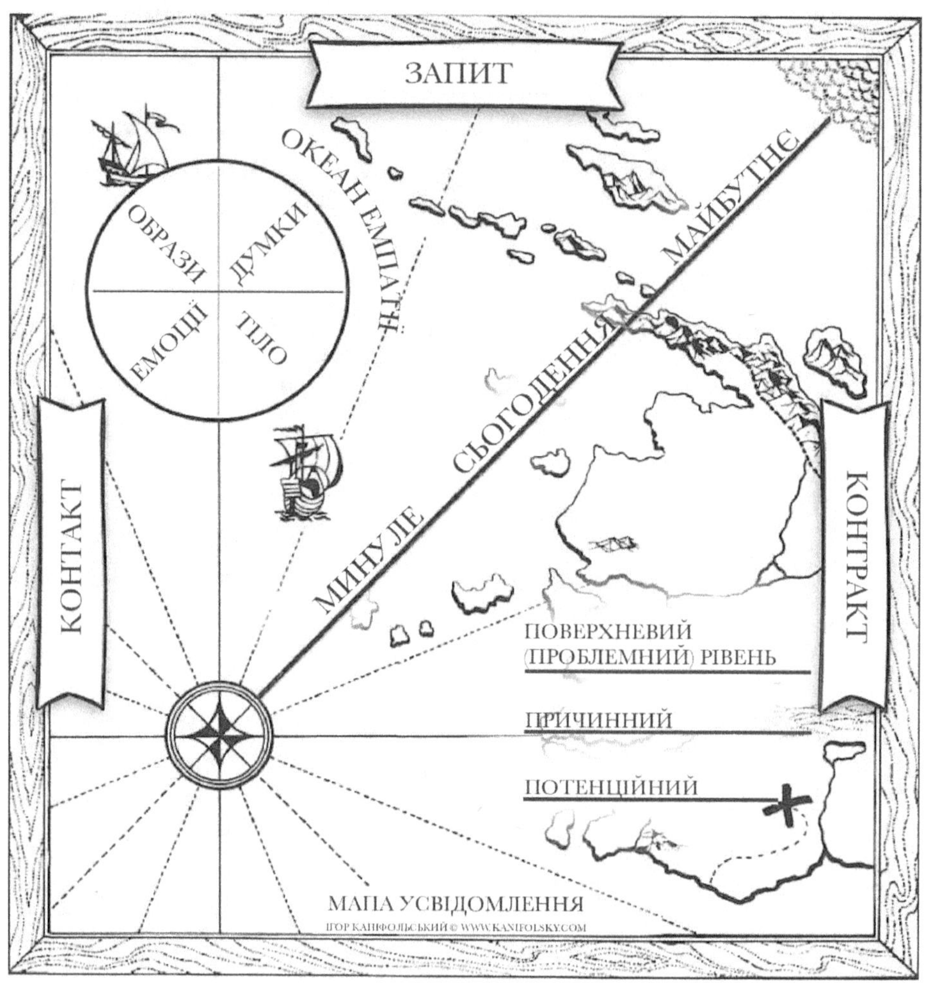

Ця Мапа показує умови та зміст можливого усвідомлення. Що можна усвідомити та що потрібно для цього. Та також вказує на місце знаходження "скарбу" - потенціалу - він позначений "хрестиком".

РАМКА МАПИ - УМОВИ УСВІДОМЛЕННЯ

"Р**амкою**" мапи - тобто умовами усвідомлення - є контакт, контракт, запит та емпатія.

Довірливий контакт з собою чи іншим.

Комфортний контракт або час, тривалість, місце.

Зрозумілий запит або мета - чому та для чого ми це робимо.

Та емпатія, яка пронизує все.

ЗМІСТ МАПИ - ЗМІСТ УСВІДОМЛЕННЯ

Змістом Мапи є три елементи:

Коло усвідомлення,

Три часи та

Три рівні усвідомлення

Ця схема витримує перевірку часом та на неї можна сміливо спиратися для досягнення цілісного та глибокого усвідомлення.

Задаючи собі всього декілька питань, ви можете доволі швидко просунутися в бажаному напрямку.

Якщо це робиться за перерахованих вище умов.

Хоча я не виключаю того, що, в майбутньому, зміст Мапи може розширюватися.

Наприклад, важливим є усвідомлення самого себе - "Хто я?" - до якого ми вже неодноразово зверталися.

Але поки що я сприймаю це вже як ускладнені питання на усвідомлення, тому що "першоелементами" досвіду є те, що зображено на Мапі.

Ці першоелементи обов'язково присутні у будь-якому досвіді.

І потенційно можуть бути усвідомлені будь-ким.

Якщо це потрібно для вирішення запиту.

КОЛО УСВІДОМЛЕННЯ

Коло усвідомлення робить будь-який досвід цілісним.

"Вмикає" всю нервову систему в роботу над проблемою (відчуття - спинний мозок, емоції - підкорка, образи та думки - права та ліва півкулі).

Та охоплює всі етапи онтогенезу - особистого розвитку, в якому - дуже спрощено - людина проходить розвиток чотирьох інтелектів: тілесного, емоційного, образного та ментального.

Є чотири первинні сфери досвіду:

- Відчуття

- Емоції

- Образи

- Думки

Які потенційно присутні у будь-якому переживанні.

Вони проявляються та сприймаються в просторі усвідомлення.

Саме усвідомлення можна вважати "п'ятим елементом" -

квінтесенцією будь-якого досвіду.

Тілесні відчуття - це те, що відчувається в тілі. Вони дуже важливі для цілісного усвідомлення. Без тілесних відчуттів усвідомлення може стати просто фантазією і не призведе до змін.

Емоції теж відчуваються в тілі але трохи в іншому регістрі. Про роботу з ними детальніше буде трохи далі.

Образи з'являються завжди, коли людина про щось думає, але не всі їх усвідомлюють.

Думки - найбільш відома складова усвідомлення, але треба усвідомити і їх.

Для усвідомлення дуже важливо включати всі чотири сфери.

Для глибини та цілісності особливо важливе тіло. Здається, що залежним усвідомлювати його легше всього. Бо саме в тілі відчуваються "ломка" та "похмілля".

Хоча часто люди дисоціюються від болісних відчуттів і перебувають більше в думках. Це нормальна і здорова захисна реакція психіки на травматичні обставини. Але це рішення є тимчасовим. Тому з цією дисоціацією варто попрацювати.

ДИСОЦІАЦІЯ ДОСВІДУ

Людина часто дисоціюється від болісних відчуттів. В цьому випадку їй зручніше працювати з образом себе.

Наприклад, в минулому.

Чи бачите ви себе "там"?

В тому минулому?

У багатьох людей з'являється образ себе в минулому, який можна сприймати, як "частинку себе", що застрягла там.

Людина може "застрягти" в минулому у внутрішньому світі, в тому місці та часі, в тому вигляді та віці, в якому щось трапилося.

Найчистіше йдеться про травматичний досвід або стан перед ним. Хоча інколи люди застрягають і у позитивних обставинах.

Фізично людина йде далі і зростає, а якась частинка її залишається.

І це можна побачити у внутрішньому світі.

Людина може побачити "себе", що знаходиться в тій

травматичній історії, "там і тоді", коли це трапилося.

На відміну від звичайних спогадів цей образ заряджений енергією, він хвилює та впливає на стан зараз.

І тоді в нас з'являється нібито "два клієнта": "тут і зараз" і "там і тоді".

І коли ми говоримо про "проживання травматичного досвіду", нам важливо враховувати ці обидві сторони дисоційованої особистості.

Важливо прожити дисоційований досвід "там і тоді".

І стан "тут і зараз".

Питання, які ми задаємо для підтримки усвідомлення та повного проживання цього досвіду, ви вже знаєте:

- Що відчувається в тілі з цього приводу?

- Які емоції зараз або були тоді?

- Яким образом можна це описати?

- Що ви думаєте зараз та подумали (вирішили) тоді?

СИЛА МЕТАФОР

На що це схоже?

Ким або чим ви себе відчуваєте?

"Там і тоді" і "тут і зараз"?

Це дуже важливе питання.

На що було схоже те, що відбулося з вами?

З чим це можна порівняти на мові метафор?

Наприклад, вас "штовхнуло щось" чи ви "отримали удар", чи "небо впало на землю", чи "земля розкололася", чи "сонце згасло", чи навіть "ви померли" всередині?

Я зараз маю на увазі не фізичні травми, як ви розумієте, а метафори психічних подій.

Люди інколи переживають їх саме через такі та інші метафори.

До речі, як я вже казав, метафора - це спосіб знеболити переживання.

На що це схоже?

Що трапилося з вами?

Якщо це описати в казковому, міфічному або метафоричному стилі?

З чим можна порівняти це?

У людини це може бути, наприклад, "миша потрапила в клітку", "орел, якого збила стріла" чи щось інше.

Це така особиста поезія.

Метафорою можуть бути образи тварин, природних явищ, предметів тощо.

Інколи це герої фільмів.

Зараз популярні метафоричні карти, що пропонують готові метафори, з яких ви можете обирати.

Але найкраще, коли ви їх бачите індивідуальними образами.

Навіть якщо відштовхуєтесь від метафоричних карт.

На що схожа ця подія чи цей період у вашому житті?

Ким ви себе відчували тоді?

Відчуваєте зараз після цього?

Метафори *знеболюють*.

Підтримують захисну дисоціацію.

Також, як йшлося, метафоричне бачення віддаляє досвід від побутового сприйняття і надає більше свободи у взаємодії з ним.

З іншого боку, метафори показують *суть* переживання.

Та дозволяють і самій людині, і іншій, з якою вона розділяє досвід, зрозуміти себе та один одного.

Що саме трапилося для вас особисто?

Бо для одного це буде "комаха вкусила", а для іншого це буде "в мене потрапила куля".

Люди можуть відчувати одну і ту ж саму подію по-різному.

Наприклад, як ви пережили початок війни, на що це було схоже для вас?

Одна дівчина це описала так, що в неї було відчуття, що "земля тріскається" і вона стрибає далі, щоб "не провалиться крізь ці тріщини в землі в стані розгубленості".

Ця сесія, до речі, є на Ютубі, ви можете подивитися, якщо захочете, її на моєму каналі, хоча вона і не про залежність.

А інший клієнт, я пам'ятаю, в цей період відчув, ніби він "залишився на одинці в якомусь незрозумілому просторі", тому що не було чіткого розуміння, що робити далі: чи евакуювати бізнес, чи працювати?

І в цьому "тумані" він залишався, аж поки не знайшов себе там на сесії Терапії усвідомленням.

Ззовні це проявлялося в прокрастинації.

Отже, метафора дуже важлива за цих причин.

Їй завжди треба приділяти увагу.

Тут часто виникає питання: а що робити, якщо людина не бачать образи?

Відповідь така: працювати з тим що є, що вона усвідомлює. Це можуть бути думки, почуття, відчуття в тілі.

Але рано чи пізно метафори обов'язково з'являться, бо це звичний спосіб людини описувати свій стан.

Нам лише треба допомогти звернути на них увагу.

Та усвідомити їх.

Взагалі, робота з метафорою, як і всі інші способи, не є обов'язковою.

Важливо запитувати: чи потрібно це вам для вирішення вашого запиту? Бо, можливо, можна обійтись і без них.

УСВІДОМЛЕННЯ ДУМОК

Також важливо усвідомлювати думки:

"Що ви думаєте про це "тут і зараз"?"

та

"Що думали "там і тоді"?".

Часто люди мають думки, висновки, рішення, переконання, які не усвідомлюють, але які керують їхнім життям.

Можливо, ці думки виникли ще в дитинстві, і ви живете під впливом цих думок.

Тому важливо думки усвідомлювати і розвивати.

Чи допомагають вони вам звільнитися від залежності, чи ні?

І це можна усвідомлювати і в сьогоденні, і в баченні минулого - коли йдеться про травми, - та також в баченні майбутнього.

ТРИ ЧАСИ

Лінія часу дозволяє охопити три часи:

- що було в минулому,

- що є зараз і

- що буде в майбутньому?

Це теж спосіб розширення усвідомлення.

Яке саме знаходиться ніби "поза часом".

Та охоплює всі часи.

Пронизує їх.

Так само, як стани "застиглого часу, вічності та без часу".

Суб'єктивно такі переживання бувають у людей.

Та завдяки охопленню цих часів та станів, усвідомлення проявляється все більше і більше.

Мета використання Лінії часу в нас саме така.

Більш детально ми це розглянемо далі.

ТРИ РІВНІ УСВІДОМЛЕННЯ

Це все може відбуватися на трьох Рівнях усвідомлення:

- що є?

- чому так? і

- що хотілося б, щоб було?

Розглянемо їх детальніше також в наступних розділах.

ЕТАПИ УСВІДОМЛЕННЯ ЗАЛЕЖНОСТІ

Ми зрозуміли, що таке усвідомлення, що в людини є потенціал, і що залежність відбувається від неусвідомленості.

Що вона пов'язана з травматичним досвідом і з недостатністю умов для розвитку, для розкриття її потенційності.

З усім цим знанням ми переходимо вже безпосередньо до нашої теми усвідомлення залежності.

І зараз розглянемо її.

Які етапи можна проходити в усвідомленні залежності?

УСВІДОМЛЕННЯ МЕТИ

Перший етап - це усвідомлення мети.

Що ви хотіли б отримати в результаті?

Що ви хочете, щоб відбулося?

Тут може бути широка та вузька відповідь.

Вузька відповідь - що ви хочете, щоб відбулося найближчим часом?

А широка відповідь - які ваші плани на все життя?

Зараз, до речі, в багатьох людей є великі складнощі з уявленням майбутнього, тому що є багато невизначеності.

Це впливає на усвідомлення майбутнього.

Багато страхів, негативний досвід руйнування планів.

Люди дуже обережні, хоча ця здібність потрохи повертається.

Але є певні складнощі, які треба приймати.

Просто пам'ятайте, прийняття - це початок змін.

Якщо є ресурси, то можна трохи енергії направити,

"інвестувати" в бачення майбутнього.

І дуже добре широко подумати про життя.

Що ви хотіли б, щоб відбулося в вашому житті?

Як ви хотіли б прожити своє "дорогоцінне людське життя", як це називають в Тибеті?

Що ви хочете, щоб в ньому було?

Бо воно богате потенціалом.

В різних сферах.

Можна, так би мовити, "прокотити по життю" Коло балансу.

Коло балансу - це відома схема, в якій коло ділиться на сектори, що означають різні сфери життя.

Наш лайфхак - в середину Кола балансу поставити себе. І сприймати всі сфери життя, як випромінювання свого потенціалу.

А не як зовнішні речі.

Давайте спробуємо поусвідомлювати ваше життя.

ВПРАВА 7

Сідайте зручніше та усвідомте себе у відповідь на наступні питання.

Що я хочу досягти в своєму житті?

В роботі та особисто?

Що залишити після себе?

Чому навчитися?

Від чого звільнитися?

Що побачити?

Що побудувати?

Може, щось відкрити?

Які риси проявити?

Ким стати?

Ким запам'ятатися?

Та інше.

Є різні напрямки, більш менш важливі для всіх.

Все це - прояв вашого потенціалу.

Щоб проявляється "зсередини назовні".

Це ви будете щось вивчати, ви будете щось відвідувати, ви будете щось створювати.

Ви будете щось залишати після себе, ви будете допомагати комусь і так далі.

І це можна прямо на все життя побачити та розписати по рокам. Якщо ви хочете.

Навіть це добре - якщо на це є ресурс.

Що ви хотіли би, щоб було в вашому житті?

Можна створити таку велику картину майбутнього.

А потім можна відступати назад в часі.

А що тоді має бути за рік до того?

За два?

Ну і так далі.

А що має бути сьогодні?

Що треба зробити зараз, щоб в майбутньому стало так?

Це спосіб усвідомлення потенціалу у вигляді мети.

Сподіваюсь, ви це уявляєте і, у такий спосіб, вже зараз усвідомлюєте.

ВПРАВА 8

Тут можна додати деякі цікаві речі, наприклад:

Чи бачите ви себе в тому майбутньому?

В якому хотіли б опинитися?

Де, в якому часі майбутнього ви себе бачите?

Це щось протилежне фіксації в минулому - ми можемо спроектувати себе в майбутнє.

А що б ви сказали собі з того майбутнього?

Чи є якесь посилання вам сюди від себе там?

Чи бачите ви якийсь шлях звідси туди?

Якісь кроки, які треба зробити?

Якийсь зв'язок між вами?

Що може допомогти вам пройти цей шлях?

А що може завадити?

ВАЖЛИВІСТЬ БАЧЕННЯ МАЙБУТНЬОГО

І тут, на шляху, в пункті, "що може завадити", якраз може опинитися ваша залежність.

Або якісь відчуття в тілі, переконання, емоції чи щось інше, чого треба позбутися.

Коли людина прояснює щось в майбутньому - це називається "бачення".

Це не тільки уява, це "уява + відчуття".

Дуже важливо, щоб це було пов'язано з енергією в тілі.

І коли людина має таке бачення, це дуже важливий момент, який може допомогти.

Бо часто в залежності людина втрачає бачення майбутнього.

Чи воно втрачається ще раніше, як наслідок психотравм.

Ще в дитинстві або пізніше.

А це бачення мети і підтримка "мріяння", "усвідомлення

бажаного майбутнього" може повернути його та бути важливою складовою усвідомлення залежності для звільнення від неї.

Ви таким чином можете створити або відкрити іншу домінанту в своєму житті.

Яка поступово буде збільшуватися і перетягне всю вашу увагу.

І вся ваша енергія потече в іншому напрямку.

ДУХОВНЕ БАЧЕННЯ

Інколи це може бути дуже далеке, обширне бачення.

Люди думають про щось навіть за межами свого земного життя.

З духовної точки зору це важливо.

Не менш важливо ніж те, що відбувається зараз.

ВПРАВА 9

Усвідомте, якщо це важливо для вас:

Куди ви потрапите після смерті?

Дай Бог всім довгого та щасливого життя!

Куди ви хотіли б потрапити?

Чи хочете ви потрапити в "світло"?

Куди звільняється душа людини після смерті, як вам відчувається?

Мені здається, що те, що описують в різних духовних джерелах, в тибетських, в тому числі, та показують у художніх фільмах, є реальністю.

Якщо ви хочете потрапити в "світло", ви маєте бути достатньо світлими, легкими та вільними в своїй душі, щоб ніщо не обмежувало вас.

І, можливо, це треба враховувати під час життя.

Якщо ні, то що ви хочете, щоб відбулося в цьому житті?

Що для вас важливо?

А якщо зовсім звузити, то що ви просто хотіли б отримати в результаті читання цієї книги?

Або сьогодні ввечері?

Що ви хотіли б зробити, реалізувати?

Що ви будете робити, якщо та коли звільнитесь від залежності?

СТАН ЗАРАЗ

Наступний етап усвідомлення залежності - це стан зараз.

Хоча у багатьох випадках з нього ми і починаємо.

Тому що, як я казав, люди можуть не мати достатньо ресурсів для усвідомлення майбутнього.

Тоді ми починаємо зі стану зараз.

І робимо "усвідомлену томографію", суб'єктивно скануємо себе - що ми відчуваємо зараз?

Що є зараз у вас з приводу вашої мети або проблеми?

Залежності?

Та, взагалі, що є всередині зараз?

Як ви відчуваєте себе сьогодні?

До речі, згадав, що про майбутнє можна додати ще метафоричне бачення: на що буде схоже ваше майбутнє?

ВПРАВА 10

На що буде схожий шлях у ваше щасливе та вільне майбутнє?

Це якась річка, дорога, підйом вгору, чи є там якісь перешкоди, які треба подолати?

Метафора дуже допомагає.

Так само, як і стан зараз можна описати у вигляді метафорі.

На що схожий ваш стан зараз?

Які є тілесні відчуття, які емоції, які образи себе, чи вашого життя?

На що це все схоже?

Який образ залежності, на що вона схожа для вас?

Що ви думаєте про це?

Які у вас є переконання з цього приводу?

Переконання - це такі затверділі думки.
Наприклад, "я не можу".

Чи "я впораюсь з цим".
Це позитивне переконання.

Чи "я не вірю, що це можливо".

Це негативне переконання.

Різні думки впливають на наш стан, але ми можемо охопити наш стан зараз "в цілому" однією метафорою.

ВПРАВА 11

На що схожий ваш стан або ким ви себе відчуваєте?

Хто ви?

Хто ви з цим усім, з вашими усіма переживаннями?

Хто ви там, всередині?

Це буває важливо усвідомити.

І далі в нас є такі варіанти.

Ми можемо працювати із зміненням безпосередньо цього стану, досягати звільнення зараз.

Це можна робити, наприклад, на шляху звільнення метафори.

Якщо є якийсь образ стану, то можна подумати, а що хотів би цей образ?

Ну, наприклад, якась людина відчуває, що вона "застрягла в болоті".

І що тоді хотілося б цій "людині в болоті"?

"Щоб хтось кинув мотузку" - наприклад.

- Добре, і як було б далі? - розвиваємо ми цю ідею.

- Я б вхопилася за цю мотузку!

- І що було б далі?

- І мене витягли б з болота.

- І що було б далі?

- І я пішла б по дорозі.

- І куди ви пішли б?

-      Пішла б у місто… І я бачу, що я там стаю вільною людиною.

- І цей образ вільної людини, чи може він поєднатися з вами?

-

Або

- Чи відчуваєте ви зміни в стані зараз, коли змінюється ваш образ?

Така трансформація цілісного образу може призводити до зміни стану.

А це, як ви пам'ятаєте, і є метою нашої терапії.

Або можна задавати такі питання на усвідомлення, пропонувати "квантовий стрибок":

- А який ви хотіли би мати образ вашого стану?

- Який образ був би для вас найкращим?

- Найкраще підходив для звільнення?

- Ким ви хотіли б відчувати себе?

- Ким ви хотіли б бути всередині?

Цей новий образ може спонтанно проявитися у вашій свідомості.

І стан може змінитися.

Один нарколог ділився зі мною досвідом свого пацієнта. Який одного ранку прокинувся і усвідомив, що він "весь у бруді". Встав і кинув вживати.

Це спонтанний прояв усвідомлення.

А ми створюємо умови для його прояву і знаємо, що воно може відбутися.

І воно відбувається.

Для зміни образу стану всередині або відкриття нового стану.

Так само можна працювати з емоціями.

-      Що хотіли б емоції, які ви відчуваєте?

-   Як би вони проявилися?

Про емоції ми поговоримо трохи далі детальніше.

Все це ми робимо на сесіях Терапії усвідомленням.

Коли ви читаєте цей текст, ви теж можете це усвідомити.

Було б добре, якби ви поставили мету: що ви хочете отримати в результаті читання цієї книги - куди прийти і в якому стані опинитися?

Тоді ваше усвідомлення буде "лити воду на цей млин".

І в якусь мить кількість усвідомлення перейде в якість.

Якщо ви усвідомите щось нове, це буде розвитком вашого стану.

А ви пам'ятаєте, що, якщо різниця між вашим станом "не вживання" і "вживання" зменшиться, то залежність зникне.

Це досягається шляхом усвідомлення.

Трансформація стану зараз - це теж спосіб лікування

базового неврозу.

В цьому випадку ми працюємо з наслідками минулих психотравм, не занурюючись в минуле.

І в цьому процесі вони теж можуть змінитися.

Можна подумати, де, в якому оточенні було б добре зараз вашому образу себе, де цей образ відчув би свободу?

Якщо ви уявляєте це для себе, то це уявне оточення, уявне місце можуть стати умовами для відкриття вашого потенціалу.

Розуміти це дуже важливо - що навіть візуалізація бажаного змінює стан.

Це подібно до сновидіння.

Ніби ви побачили гарне сновидіння.

І ваш стан змінився.

Так само, якщо ви уявляєте місце, де ви хотіли б опинитися, де вам було б добре, де ви стали б вільні, де ви відчули б себе вільною людиною, - це можуть бути будь як реалістичні, так і сюрреалістичні сюжети - ваш стан може змінитися від цього.

"Зв'язок з реальністю" на цьому етапі не є обов'язковим, бо це подібно до сновидіння.
А уві сні може статися що завгодно.

Це буде "уявна опора" для вашого стану.

Але, якщо це повторювати, то стан зміниться насправді. І назавжди.

Якщо для цього немає перешкод.

Ваш потенціал розкриється завдяки цим уявним умовам і проявиться у вашому реальному житті.

Таким чином, можна, як Мюнхгаузен, "витягувати себе з болота за волосся", уявляючи те, що хотілося би.

ДУМКИ ТА ПЕРЕКОНАННЯ

Також в стані зараз можна працювати з думками та переконаннями.

Якщо ви помітили в собі негативні думки, їх можна записати в підходящий для вас зошит або в телефон.

Можна їх просто виписати туди і хай вони там залишаються.

А можна з ними попрацювати.

Викреслити, розвинути та створити нові.

Це три шляхи.

Перший - викреслити ці переконання і звільнитися від них у такий спосіб.

Та обов'язково перевірити після - чи дійсно ви звільнилися від них всередині, чи ні?

Важливо, щоб всередині вас щось змінилося.

Другий шлях - можна ці переконання трансформувати.

Поставте кому і продовжте, наприклад.

"Я не можу звільнитися від залежності, (кома), але у мене багато чого в житті виходило, можливо, і це в мене вийде. Варто спробувати."

Таким чином ви розширили це переконання і воно стала означати зовсім інше.

І навіть стало вашою "думкою".

Бо переконання - це застиглі думки.

І часто не свої.

Від початкової неможливості ця думка розширилася в можливість, зацікавленість та рішення спробувати.

Завжди можна "спробувати", завжди можна "попрацювати" над цим

Це найменше завдання, яке легко виконати.

Якщо ви не відчуваєте сили ставити велику ціль, можна поставити маленьку: "спробувати попрацювати над цим".

Це завжди можливо. І це може допомогти.

А третій шлях - можна відкрити в думках щось нове.

Яка думка допомогла б вам?

Яка ваша думка була б найкраща для вас, для вашої цілі?

Можна цю думку просто з простору втілити на папір спочатку чи в нотатки на телефоні, а потім вона може з'явитися у вас всередині.

Наприклад: "Я зможу, в мене вийде. Це легко, це природно. Свобода мій природний стан. Я народився вільним, а значить, залежність - це тимчасові хмари в моєму небі. І за ними обов'язково є сонце".

Тобто ви можете нові думки зробити своїми переконаннями.

Важливо перевірити, чи змінюються вони всередині.

Підтримуючі думки можуть бути дуже корисними.

Це було про трансформацію стану зараз.

А наступний можливий етап - це...

РОБОТА З МИНУЛИМ

Буває, що нам варто зазирнути в минуле для опрацювання залежності.

Щоб усвідомити, в чому причина цих напружень, емоцій або переконань?

Звідки вони з'явилися?

Чи ви народилися з ними, чи це надбання за життя?

Чи ви отримали їх у спадщину?

Вам це сказали батьки?

Мати, наприклад, чи батько?

"Ти невдаха, нічого з тебе не вийде".

Інколи батьки надсилають такі не дуже корисні послання своїм дітям, які потім негативно впливають на них.

ТРАНСФОРМАЦІЯ БАТЬКІВСЬКИХ ПОСИЛАНЬ

ВПРАВА 12

Стосовно батьківських посилань є дієва методика, яка заключається в тому, що ви можете усвідомити:

А що ви хотіли б почути від ваших батьків?

Що ви хотіли б почути від ваших батьків у дитинстві?

Або чути завжди?

Що вам сподобалося б?

Яке посилання від батьків допомогло би вам?

Звільнитися?

Це усвідомлення може відкрити потенціал ваших батьківських фігур всередині, який вони не проявили в своєму житті.

І, що б це не було, якщо вам приємно це чути, вважайте, що батьки вам це сказали.

Прямо зараз.

Бо вони найчастіше не хотіли вам шкоди.

А робили це з невідання.

Ділилися власним досвідом.

І якби запитати їх у спокійному стані, чи хотіли б вони

допомогти своїй дитині?

То, звісно, вони сказали б: "Так!".

І тоді ми маємо повне право вкласти в їхні вуста те, що вам буде дійсно корисним та приємним.

І тому ви можете подумати і записати:

Що ви хотіли б почути від ваших батьків?

Що було б корисно почути вам для звільнення від залежності?

Як би це вплинуло на вас, якби ви це почули?

Що ви відчуваєте зараз з цього приводу?

Це може сприяти розкриттю вашого потенціалу.

Сподіваюсь, що ви схопили цю ідею.

ПОШУК МИНУЛОГО, ЩО ВПЛИВАЄ НА ВАС

Отже, ми можемо вийти на причини, усвідомлюючи, коли з'явилися певні переживання?

Чи коли з'явилася залежність?

Чи коли з'явилося напруження всередині?

Чи коли сталися психотравми, які досі на вас впливають?

Чи коли ви подумали так про себе вперше?

Яке минуле ще впливає на вас?

Можна пошукати його через час виникнення, усвідомлюючи, наприклад:

Ви народилися чи з цим чи ні?

Я полюбляю це питання на усвідомлення.

Більшість людей усвідомлює, що ні, вони з цим не народилися.

І це дуже важливе відкриття.

Бо, як навчав Будда, якщо щось виникло, то воно обов'язково завершиться.

Те, що почалося, має завершитися.

Це важлива та надихаюча новина.

Бо інколи людям здається,що це було вічно.

А якщо в когось є відчуття, що це "від народження", то треба шукати причину ще глибше.

У внутрішньоутробному періоді.

У моменті народження.

У минулих поколіннях.

У минулих життях.

Люди усвідомлюють це по-різному.

Але, в будь якому випадку, важливо усвідомити на власному досвіді, що залежність або її причини - напруження, травми - не є нашою "власною природою", це "збій в налаштуваннях нашого смартфона", так би мовити, який колись стався.

Та який можна повернути до "заводських налаштувань".

Принцип роботи з далеким минулим залишається той самий.

Негативний досвід у будь-якому часі та вигляді ми:

-    проживаємо,
-    аналізуємо та
-    відкриваємо в ньому потенціал.

І перетворюємо досвід на розвиток.

АНУЛЮВАННЯ ДОСВІДУ

В деяких особливо важких випадках може допомогти "анулювання" досвіду.

Наприклад, можна дозволити собі чи людині задати таке питання:

- А що було б, якби цього не сталося?

Це подібно до "анулювання браку", яке, я чув, існує в католицтві.

Ми наче дозволяємо свідомості відмінити цю подію і відкрити потенціал "повз неї".

І людина каже:

"Ну, тоді я відчув би силу свого роду" чи "я відчула б і зберігла свою впевненість в собі".

І в цей момент можна усвідомити саме цю силу, цю впевненість, бо вона завжди є в людині і відкривається в цей момент.

Вона була закрита травматичними подіями.

А таким питанням ми можемо на мить дозволити людині

уявити можливість життя без травми.

І завдяки цьому моменту потенціал може по справжньому проявитися.

А до опрацювання травми можна повернутися пізніше, якщо на це буде потреба.

ОПРАЦЮВАННЯ ПРИЧИН В МИНУЛОМУ

Якщо на це є потреба, ми можемо опрацювати травми в минулому.

Тому що причини перешкод зараз - це травми в минулому.

Або моменти та періоди недостатньої підтримки.

І як ми їх опрацьовуємо?

Давайте подивимося на це детальніше.

По перше, ми їх "проживаємо".

Допроживаємо в усвідомленні.

І розділяємо. З терапевтом.

Потім ми їх "аналізуємо".

Задаючи питання: "Чому так сталося?"

Буває важливо зрозуміти причини подій.

Тут найважливіші - мотиви людей.

Бо людей травмують інші люди - їхні дії або бездіяльність.

Наприклад, мати залишала людину в дитинстві на самоті.

Пам'ятаєте мого клієнта з ігровою залежністю, якого в дитинстві мати залишала на самоті, а дорослою людиною він усвідомив, чому вона так робила?

Тому що вона ходила на роботу, щоб заробляти гроші, для нього, в тому числі.

Таким чином, доросла людина може зрозуміти більше, ніж дитина, стосовно мотивації інших людей, батьків, наприклад, які робили щось травмуюче для неї.

Наприкінці цих усвідомлень звичайно відкривається, що причиною мотивів людей, що травмують нас, - хоча я не хочу відміняти їхню відповідальність - є їхнє власне нещастя.

Коли травмована людина доходить до цього усвідомлення, її відпускає.

Після виразу гніву, можливо, чи образи.

Вона може навіть відчути, як не дивно, співчуття до людей, які її колись травмували, усвідомлюючи, що вони робили це з власного нещастя.

Але це не заважає виразити все негативне, що є зараз, в реакціях стосовно цих фігур - на етапі проживання досвіду.

А вже потім можна переходити до аналізу.

Та відкриття потенціалу.

Нам треба пам'ятати про ці три шляхи та не забувати повністю прожити, розділити цей досвід і врахувати всі емоції.

А вже потім розуміти причини.

Та відкривати потенціал.

Це і є опрацювання причин в минулому.

ПОВЕРНЕННЯ ДО СТАНУ ЗАРАЗ

Після цього ми повертаємося до стану зараз, з яким інтегруємо відкритий потенціал.

Якщо стан зараз змінюється, то наша мета досягнута.

Бо наша мета - змінити стан зараз, звільнити його від негативних наслідків минулого.

І коли це звільнення відбувається, людина звільняється і від залежності.

Ми вже про це говорили.

УСВІДОМЛЕННЯ - ЦЕ ЗНАННЯ ТА ПЕРЕЖИВАННЯ

Хочеться ще раз нагадати, що усвідомлення - це поєднання знання та переживання.

Нам недостатньо знати щось, нам треба переживати відповідно до цього знання.

Тоді це буде усвідомлення.

Єднання знання і переживання.

УСВІДОМЛЕННЯ Є СВОБОДА

І усвідомлення, як ви пам'ятаєте, є проявом свободи. І веде до неї.

Коли ми усвідомлюємо щось, ми вже проявляємо свою свободу.

Ми можемо вільно обрати, усвідомлювати щось, чи ні.

Це має бути наш вільний вибір.

Вільний вибір кожної людини.

Тільки вона сама може обрати, чи хоче вона усвідомлювати, чи не хоче.

Так само щодо звільнення від залежності.

Людина має вільно обрати, чи хоче звільнятися чи ні.

Чи проходити терапію, чи ні.

Але від хорошого люди не відмовляються.

Я не погоджуюсь з поширеною думкою, що "залежному подобається бути залежним".

Ніхто не хоче бути залежним.

Нікого не задовольняє цей стан.

Бо це, пам'ятаєте, стан несвободи.

І апріорі, він не приносить щастя.

Але, якщо людина вам не довіряє, вона не поділиться з вами своїми переживаннями.

І скаже, що з нею все окей.

Але ніяка залежність не є справжнім щастям.

Це лише імітація, симулякр.

Немає нічого кращого за свободу.

За справжню реалізацію.

За справжнє щастя.

Що досягається шляхом усвідомлення.

Саме це ми і пропонуємо.

І це завжди більш привабливо для людини, ніж перебувати в залежності

Тому ми віримо або припускаємо, що людина завжди хоче звільнитися від залежності.

Інколи вона не знає як, і саме тут їй потрібна підтримка та інформація.

Яку ви можете знайти або надати, якщо це стосується вас або ваших близьких чи клієнтів.

Ми маємо надати людині підтримку в її усвідомленні та звільненні.

І це звільнення, це усвідомлення починається від усвідомлення мети, потім через стан зараз доходить до причини.

І в цьому вже проявляється свобода людини.

Це усвідомлення звільняє людину від автоматичних дій, робить її справжньою, дає простір всередині.

Дає наповнення, що набагато приємніше, ніж будь-який стан вживання.

Це розуміє будь-яка залежна людина.

Можливо, вона не знає, як отримати цей досвід, як прийти в цей стан, але вона відчуває, що щось могло б бути краще.

Але де всі ці мрії?

Вони втрачаються в травмах та недостатніх умовах для розвитку, які були в минулому чи є зараз.

І ми маємо все це опрацювати і повернути людину на шлях розвитку та відкриття її потенційності.

Це і є шлях звільнення від залежності у нашому виконанні.

УСВІДОМЛЕННЯ МЕТИ

І можна почати цей шлях, як йшлося, з усвідомлення мети.

Давайте зараз повторимо це детальніше.

ВПРАВА 13

Сідайте зручніше, знайдіть безпечне місце, де ви можете дійсно розслабитись.

І зробіть цей час життя часом усвідомлення. Коли можна буде не лише читати текст, а й усвідомлювати себе.

Сідайте зручніше.

Це, пам'ятаєте, перша вправа на усвідомлення. Щоб сісти зручніше, треба усвідомити себе. А чому ви досі не сиділи зручніше?

Так само в житті: нам треба знайти підходящий шлях.

Ми маємо прагнути кращого для себе.

Та для свого оточення.
Найстабільніший результат - найкращий для всіх.
І вас, в тому числі.

Отже, давайте згадаємо, усвідомимо знову, що ви хотіли б отримати в результаті?

Цієї вправи, читання цієї книги, свого життя?

Що ви хотіли би мати?

Що ви хотіли б віддати?

Можна подумати про все життя.

І наступне питання:

Коли ви хотіли б отримати цей результат?

Дозвольте йому просто з'явитися в усвідомленні.

Тут не варто торгуватися, це не відкладання цілей.

Все починається вже зараз.

Але, як кажуть, "дайте Богу шанс".

І нам варто дати реалістичний час для того, щоб це сталося.

Більшість людей каже: "Я хочу це прямо зараз".

Окей, якщо це реально, будь ласка, отримуйте це.

І це наступне питання: чи реально це?

Чи реально це для вас, як вам здається?

Якщо це відчувається реальним, дуже добре.

Єдине, що можна додати до цього:

А що було б ще краще?

Якщо це не відчувається реальним, то ви можете усвідомити, які перешкоди заважають.

Або що було б реальним тоді?

Можна зменшити мету і зробити її більш реалістичною.

Пам'ятайте, що завжди реально "попрацювати над цим".

Наступне питання:

Що це вам дасть?

Якщо ви це отримаєте?

Що це вам дасть, якщо це реалізується у вашому житті?

І це питання можна задавати багато разів.

Якщо приходить відповідь, наприклад "я відчую свободу", то можна запитати:

- А що дасть свобода?
- Я буду робити те, що захочу.
- А для чого вам це?
- Я побудую стосунки, бізнес.
- А для чого вам це?
- Я буду жити повноцінним життям.
- А для чого вам це?
- Я буду щасливою людиною.

Треба дійти до найглибшої цінності.

Яка відгукується в тілі.

Дає відчуття справжнього.

Відчувається теплом.

І схоже, у багатьох людей тут знаходяться "щастя, гармонія, повнота життя" тощо.

З іншого боку це дуже індивідуально.

Далі:

- Чи бачите ви себе в цьому стані, про який говорите?

- Чи бачите ви себе в цьому майбутньому?

- В якому часі майбутнього ви себе бачите, якщо бачите?

Якщо це відрізняється від того часу, який усвідомлювався на початку, це окей.

Це можуть бути різні етапи шляху.

І де б ви себе не побачили себе - це добре.

Якщо ні - теж окей.

Як ви бачите себе в майбутньому?

Дуже чітко ви себе побачили чи ні, ви вже "закинули" в те майбутнє образ себе і маєте до нього прийти.

Якщо не бачите - це значить, що спочатку треба опрацювати перешкоди, ви чітко побачите їх.

Але знайте, що можна уявити, що ви нібито "закидаєте" в майбутнє якусь мету,

І вона чекає вас там.

І ви туди обов'язково прийдете.

- А що б ви сказали собі з того майбутнього?

- Чи ви приймаєте це посилання?

- Як ви реагуєте на нього?

- Є певні сумніви чи перешкоди прийняти його?

Рухаємося далі.

Наступне питання на усвідомлення:

- Чи бачите ви шлях звідси туди, в те майбутнє?

- Чи є якийсь зв'язок між вами "тут і зараз" і "там і тоді"?

Це може бути метафоричний або реалістичний шлях.

В усвідомленні може з'явитися дорога чи лінія, що зв'язує вас з майбутнім.

Якщо цього не з'являється, це теж окей.

Воно з'явиться пізніше або можна без цього.

Це не обов'язково, це все лише можливості, які ви можете використовувати, якщо вам це потрібно.

А от наступні питання якраз на усвідомлення перешкод.

ВПРАВА 14

Що може завадити вам на цьому шляху?

Або що може допомогти?

Просто усвідомте це.

Можете записати.

Зараз важливо усвідомити.

- Як ви відчуваєте ці перешкоди?

- Що ви відчуваєте зараз, коли думаєте про це?

Тут, нагадую, можуть бути два види відчуттів:

Приємні відчуття від того, що ви наче передчуваєте це майбутнє.

Та неприємні відчуття, як перешкоди.

Це можуть бути якісь напруження в тілі.

Будь ласка, зверніть на них увагу.

Можете замалювати чи записати.

Ці перешкоди треба опрацювати

І на наступному кроці ми якраз поговоримо про це.

РОЗШИРЕНЕ УСВІДОМЛЕННЯ

Зараз ми повторимо і перетворимо більше в медитативну форму деякі моменти стосовно стану зараз, а також завершимо більш детальним опрацюванням причин цього стану, в якому міститься залежність.

Нагадаю ще раз, залежність - це насамперед стан.

Наслідком якого є поведінка.

Вживання є наслідком стану.

А ключовим моментом стану залежності є "потяг".

Імперативне невгамовне бажання вживати, яке призводить до жахливих наслідків.

Воно походить з того, що людина не знає альтернативи, як покращити свій стан.

В неї немає свободи вибору.

І вся ця залежна поведінка підтримується її станом.

В який входять тілесні відчуття, де знаходиться "потяг".

А навколо нього будується "міфологія" себе.

Переконання, які теж треба опрацювати.

Якщо ми хочемо позбутися залежності, нам треба опрацювати цілісний стан.

І ми зараз продовжимо говорити, як це зробити.

Ви вже знаєте, що:

Ми можемо усвідомлювати стан зараз.

Його причини в минулому.

Майбутнє, в яке хочеться прийти.

І трансформація може відбуватися в стані зараз.

Через усвідомлення причин в минулому,

І через усвідомлення майбутнього.

Отже, давайте повторимо це по порядку.

Якщо ви залежна людина, то, можливо, це буде корисно для вашого власного усвідомлення.

Якщо ви співзалежна людина, то це може бути корисно для розуміння механізму залежності та взаємодії з залежним.

Якщо ви фахівець, то це може бути корисно для вашої роботи з клієнтами.

І ми тут говоримо про усвідомлення стану в деталях, коли людина не просто сканує себе, а зазирає в окремі сфери індивідуального досвіду.

ОЗНАКИ ЗАЛЕЖНОСТІ

Можливо, спочатку пару слів треба сказати про ознаки залежності.

Є суб'єктивні та об'єктивні ознаки.

Суб'єктивні - це відчуття несвободи, дискомфорт всередині і необхідність вживання.

Яка зростає.

Людина має негативні наслідки, пов'язані з здоров'ям. Відмовляють органи, печінка чи інші органи, з'являються хвороби. Імунітет знижується, можна навіть померти від хвороби чи передозування.

Можна захворіти, занести інфекцію, якщо йдеться про наркозалежність тощо.

У ігрових залежних це борги, які накопичуються, це крадіжки, які вони здійснюють, та проблеми з законом. Бувають навіть вбивства за борги залежних.

Псуються стосунки.

Є суб'єктивне відчуття, що щось йде не так, що ви не це хотіли і це не обирали.

Ви відчуваєте це суб'єктивно, це відчувається, як "занурення в темряву".

Ви знаєте, що ваше життя все більше звужується навколо вживання.

І ви втрачаєте зв'язок зі світлом, з усвідомленістю, з духом, зі свободою.

Ви занурюєтеся на дно.

Це суб'єктивні ознаки.

А об'єктивні ознаки - це коли ви маєте проблеми назовні і я вже перерахував їх теж, бо вони є наслідком суб'єктивних.

Людина втрачає роботу, псує стосунки, робить злочини, отримує проблеми з законом, сідає в тюрму, хворіє, вмирає нарешті, не здійснивши свої бажання в житті.

Це зовнішні ознаки залежності, які проявляються в цих всіх проблемах, пов'язаних з вживанням.

Я б ще хотів додати про відмінність "побутового вживання" дозволених речовин від залежності.

Багато людей вживають алкоголь. Не всі вони є залежними.

Тобто залежність - це суб'єктивний стан несвободи, який неприємно переживається людиною, і має об'єктивні наслідки.

Там є моменти тимчасового розслаблення і заспокоєння, але в цілому людина відчуває, що щось не те коїться в її житті.

І це є проблемою.

Якщо у вас є суб'єктивні і об'єктивні ознаки залежності, якщо ваше життя руйнується в вашому суб'єктивному сприйнятті і в об'єктивному житті назовні, то це і є залежність.

Інколи люди питають, чи можу я, звільнившись від залежності, залишити "побутове вживання"?

Це питання до самої людини.

В більшості випадків люди самі усвідомлюють, що їм краще не вживати зовсім.

Наше завдання я бачу в тому, щоб допомогти усвідомити залежність, саме стан залежності, і позбутися її.

І якщо ви отримаєте свободу, то в стані свободи не будете робити того, що вам завадить.

А це означає, що ви можете самі обрати, як вам краще поводитися в подальшому.

Принаймні в практиці я бачив один такий випадок, коли позбавлення "залежності від стосунків" призвело до розвитку тих самих стосунків.

Але я не бачив жодного подібного випадку стосовно алкоголю та ігор.

Бачив лише коли людина позбавляється залежності, вона перестає вживати взагалі. І веде зовсім інший образ життя.

Займається духовною практикою. Соціальною реалізацією. Робить кар'єру, будує стосунки, стає вегетаріанцем - хоча це не обов'язково.

Ну, тобто розвивається, не зупиняється на позбавленні від залежності, а продовжує розвиватися в усвідомленні.

І реалізує свій потенціал.

Може здатися, що це позитивна залежність, на яку можна обміняти свою негативну залежність.

Ніби це залежність від усвідомлення.

Але це не так.

Цей стан веде вперед, він не є ходінням по колу, це те, що вас розвиває.

І веде до справжньої свободи.

Тут важливо завжди перевіряти, чи є це вашим вільним вибором.

Ми не прагнемо створити нову залежність.

Часто, до речі, люди думають, що треба поміняти одну залежність на іншу. Ні.

В моєму погляді альтернативою залежності є лише свобода.

І саме свободи ми прагнемо.

Отже, для свободи нам треба усвідомлювати стан зараз.

Тож давайте згадаємо, як це робиться, та що там можна знайти.

ВПРАВА 15

Будь ласка, сідайте зручніше, і ми спробуємо нагадати, як усвідомлюється стан зараз.

Що ви відчуваєте в тілі?

Ви можете, до речі, спочатку взагалі сісти зручніше і відчути, що ви сидите, що у вас є опора, що ваші ноги стоять на підлозі чи вони схрещені.

Просканувати своє тіло.

З цього починається усвідомлення стану.

Відчути своє дихання або пройтись по тілу детальніше.

Що відчувається в ногах?

Стопи, гомілки, стегна… таз…

Що відчувається в животі, в спині, грудях, плечах, в руках…

Ліктях, кистях…

Шиї…

Голові…

Обличчі…

Ви відчуваєте дихання…

Вдих і видих...

Це найпростіше вправа на усвідомлення, яку ви можете використовувати.

Як опору усвідомлення триматися свого дихання.

Вдих, видих...

Відчуйте, як воздух проходить крізь ваше тіло...

Досягає живота...

Ви можете навіть відчувати, як він проходить під тілом і по спині піднімається вгору...

Це енергія, яка створюється з усвідомленого дихання.

Є різні варіанти усвідомленого дихання.

Ви можете усвідомлювати, що саме ви вдихаєте, а що вдихаєте, на що це схоже?

Як це уявляється?

А також зверніть увагу на відчуття в тілі.

Якщо є якісь напруження, ви це помічаєте, це матеріал для вашого усвідомлення.

Ви пам'ятаєте, що позбавлення залежності - це позбавлення напружень всередині.

Які є наслідком минулих досвідів, минулих психотравм.

І тому, якщо ви щось відчуваєте в тілі, напруження, яке проявляється зараз, можете його відмітити.

Це те, з чим можна працювати далі в терапії або самоусвідомленні.

І один з способів усвідомити відчуття - це метафори.

На що це схоже?

З чим це можна порівняти?

Нібито вас "хтось тримає", чи це якесь "каміння всередині", чи щось "розпирає" чи "там щось знаходиться"?

На що схоже ваше відчуття?

Так ви можете відкрити образ ваших відчуттів.

Люди часто усвідомлюють відчуття, як певні образи.

Навіть є такі вислови, як "сидіти на шиї", "в печінках" тощо.

Це все метафори.

Якщо їх розкрити, то можна зрозуміти, чи дійсно воно так бачиться, чи що там за метафора насправді?

Та яким образом може охопити в цілому себе?

Ким ви себе відчуваєте разом з цими відчуттями?

На що схожий ваш стан?

Пам'ятаєте, ми вже робили таку вправу?

Зараз можна знову усвідомити, ким ви себе відчуваєте.

І знову ж згадати:

- А ким би хотілося вам себе відчувати?

- Який образ був би найкращим образом вашого стану?

- Який образ ви хотіли б мати?

- Який образ був би підходящим для вашого звільнення від залежності?

Можливо, цей образ з'явиться у вашому усвідомленні.

Це буде дуже добре.

Якщо ні - теж окей.

Хай він з'являється.

Чим більше таких відкриттів, тим краще.

Можливо, від цього усвідомлення ваш стан трошки зміниться.

Це теж буде добре.

А, можливо, вам треба буде ще попрацювати, щоб ваш стан змінився.

В тілі також відчуваються емоції.

І ми можемо подивитися на них, які емоції у вас є?

Емоції - це злість, радість, сором тощо.

Вони теж відчуваються в тілі.

Але це не просто відчуття, це - емоційні відчуття в тілі.

Емоції живуть в тілі.

Ви можете подивитися, де і які емоції саме зараз ви переживаєте.

Можна згадати, які емоції пов'язані з вашою залежністю або з вашою метою?

Пам'ятаєте, ми шукали, що може вам завадити, а що може допомогти?

І на цьому місці можуть знаходитися емоції.

Можна подумати, чи є якісь емоції, які можуть завадити?

Потяг до вживання, - це теж тілесне відчуття, близьке до емоцій.

Інколи про це кажуть "емоційно-вольова сфера".

Ви можете усвідомити, як це відчувається в тілі.

Може ви відчуєте той самий "потяг", що є головним симптомом залежності.

Як він відчувається зараз, якщо це так?

Або це може бути відчуття "важкості в голові".

Це буває під час алкогольної залежності.

Або "ламання" в ногах.

Це буває у наркозалежних.

Або можуть бути відчуття в будь якому іншому місці.

Емоції теж можуть знаходитись будь-де.

Хоча є певні схеми усвідомлення емоцій, але це дуже індивідуально.

І ці емоції можна теж побачити у вигляді образів.

На що схожі ваші емоції, з чим їх можна порівняти?

Це щось "темне чи світле, тепле чи холодне, важке чи легке, гладке чи костурбате"?

Яким це уявляється вам?

Можливо, ваші емоції схожі на якісь природні явища?

На "виверження вулкану", наприклад.

Чи на якусь тваринку, як зайчик, наприклад?

На що схожі ваші емоції?

Усвідомте їхній колір, розмір, форму.

Так само можна усвідомити:

- Ким ви себе відчуваєте з цими емоціями?

Це інший зріз вашого стану.

І, можливо, можна додати думки.

- Що ви думаєте про це?

- Чи є у вас якісь думки з цьо приводу?

 - Чи відсутність думок?

Буває немає ніяких думок.

Або їх забагато і це втомлює.

Усвідомлюйте це.

Коли ви усвідомили ваш стан, ми можемо спробувати, як ви пам'ятаєте, трансформувати його прямо зараз.

І тут, як йшлося, я бачу декілька шляхів, серед яких можна назвати відреагування емоцій, трансформація образів та змінення переконань.

Давайте розглянемо це детальніше.

УСВІДОМЛЕННЯ ЕМОЦІЙ

Це, до речі, може стосуватися і тілесних відчуттів. Їх теж можна вивільняти через їхній прояв.

ВПРАВА 16

Як ви відчуваєте це в тілі - емоції або тілесні відчуття? На що вони схожі?

- Що було би виразом цих емоцій або тілесних відчуттів?

- Що було би їх повним виразом?

- Як би ви виразили їх?

- Або як вони самі виразилися б?

Інколи таке відділення емоцій від себе може допомогти.

Вираз цих емоції в уяві - це не план дій, це усвідомлення.

Ви також не направляєте їх на інших людей.

Ви просто усвідомлюєте і звільняєте їх в усвідомленні.

Дуже важливо зауважити - це не планування ваших дій, це уявлення і усвідомлення емоцій прямо "тут і зараз".

Для звільнення від зайвих та накопиченийх з них.

Інколи вони хотіли би, щоб щось відбулося в зовнішньому світі.

Наприклад, образа хотіла б вибачень.

Або злість хотіла б когось побити.

І це можна усвідомити, дати свободу в усвідомленні.

- Як довго?

- Де саме мав би статися цей вираз?

- Як сильно?

- Та що було б потім?

Або, наприклад, "хотілося б плакати".

- Скільки сліз би вилилося?

- Море, океан чи всесвіт?

- Як довго і де хотілося б поплакати?

- Щоб виплакати всі ці сльози?

- Щоб всі ці сльози вилилися в усвідомленні?

 Або як проявилася б тривога.

- Як би ви тривожились?

- Ходили би чи бігли кудись?

- Як довго, де?

 І так далі і тому подібне.

У кожної емоції є певний шлях виразу, який ви можете усвідомити.

Це енергія, яка рухає.

І ми зараз працюємо з тими емоціями, які не були виражені і може навіть не були усвідомлені колись, коли вони виникли.

Ми намагаємося дати їм свободу.

Можна це уявляти "тут і зараз", а можна в тому часі, коли

вони виникли.

Де було б краще їх виразити, де вони хотіли б звільнитись?

І дуже важливо подивитися, що буде далі.

- Що буде після цього?

- Після того, як виллються всі сльози, вирветься вся злість, проявляться всі ці рухи, які хочеться зробити з цієї енергії в уяві?

Ми це уявляємо в тому місці, в тій присутності когось або на самоті, як хотілося б.

Хтось хоче виражати свої емоції в минулому, хтось зараз, хтось в лісі, хтось на вершині гори, хтось на березі моря.

Хтось хоче "бігти вздовж річки".

Хтось у присутності когось, а хтось на самоті.

Дуже по різному люди відчувають, як ця енергія має звільнитися.

Інколи тут допомагають, нагадую, образи, метафори природних явищ.

Наприклад, моя злість - це "виверження вулкану".

- І як довго він вивергався би?

- Наскільки великий вулкан уявляється?

- І що було б після цього?

- Чи вулкан затухає?

- Є вже просто земля.

- І що буде далі?

- І потрохи на ній з'являється життя, рослини... моя злість перетворюється на спокій...

Важливо дати повну свободу в усвідомленні всім емоціям, які є.

Але не плутати це з планом дій назовні.

Та доводити обов'язково до заспокоєння або хоча б уявлення його в майбутньому.

Можна зробити це зараз або потім, повторювати, повертатися до цієї вправи.

Можна це малювати.

Якщо це буде підтримувати ваше усвідомлення.

Або писати.

В наш час можна створювати зображення за допомогою штучного інтелекту, який буде відображати саме ваш вираз емоцій.

Це теж може бути корисною підтримкою - візуалізацією - вашого усвідомлення.

Головне - дати собі повну свободу та повну підтримку, пам'ятаючи, що це не план дій, а стан, це усвідомлення емоцій "тут і зараз" (хоча у внутрішньому світі може бути "там і тоді").

Корисна буває також "мультиплікація" цього усвідомлення:

- Скільки разів ви б це зробили?

Та проявлення щедрості без обмежень:

- Як довго це має тривати?

= Скільки має вилитися сліз?

- І що буде після цього?

= Що ви відчули б після, якби це сталось?

Стан "після" і є нашою метою.

Він може бути досягеним за один раз або за декілька сесій.

Усвідомлення має прийти до стану, який відчувається, як звільнення.

Звільнення від зайвого напруження, пов'язаного з емоцією або відчуттям.

І це треба помітити, звернути увагу:

- Чи змінюється ваш стан?

І якщо стан покращується, - а звичайно від цього стає тепло, більш вільно, з'являється простір - це вже є крок до звільнення.

Бо залежність - це напруження всередині.

А звільнення від залежності - це покращення стану без вживання.

УСВІДОМЛЕННЯ ОБРАЗІВ

ВПРАВА 17

Згадайте, на що був схожий ваш стан? Або усвідомте це зараз.

А який образ ви хотіли б мати, як образ вашого стану?

Як він міг би трансформуватися?

Чи хотів би цей образ?

- Де йому було б добре?

- Чи підходить це для вашої цілі, для вашої мети?

- Які умови треба дати вашому образу для того, щоб він перетворився, розкрив свій потенціал і трансформувався в образ, який буде більше підходити для вашої свободи?

- Ким ви хотіли б стати всередині?

Інколи люди відчувають себе зв'язаним, наприклад, в кайданах чи щось у них на шиї, якесь навантаження, чи щось тисне на голову.

І що тоді було б рішенням на цьому рівні, на рівні образів?

Як вийти з під цього тиску, скинути кайдани, звільнитися, розв'язати руки?

Це можна уявити в цей момент.

В цілому є два напрямки роботи з образами:

1) трансформації;

2) усвідомлення.

Як не дивно, можна просто усвідомити, як хотілося б, щоб було?

І в цей момент щось нове може проявитися без всяких зусиль.

Якщо це не відбувається, то ми повертаємось до усвідомленння перешкод.

Або проживання негативу.

Головне - просто підтримувати усвідомлення.

В будь-якому випадку усвідомлення рано чи пізно зробить свою роботу.

Змінить ваш стан.

Але якщо є якісь ідеї, що хотілося б зробити всередині, це теж можна дозволити собі.

Можна на рівні образів трансформувати свій стан.

Це легше зробити всередині, ніж в зовнішньому світі.

Тому що інколи людина не розуміє, як саме вона має змінитися ззовні.

І, якщо йдеться про залежність, вона просто стримує себе від вживання.

Або кодується.

Кодування працює, як контроль, як втримання людини від вживання.

На рівні підсвідомого страху.

Звичайно, це корисно і добре, але, якщо людина хоче повної свободи, то треба йти далі і ще змінити свій стан всередині.

Шляхом усвідомлення.

Та відкриття потенціалу.

Можна подумати, що було б образом вашої реалізації в житті?

Що було б образом звільнення від залежності?

На що був би схожий цей процес та стан?

Наче ви щось викидаєте чи щось розв'язуєте, чи знімаєте з себе?

Як би ви звільнилися від залежності в метафоричному світі?

Образи дозволяють змінювати стан.

Їх можна усвідомлювати та трансформувати.

УСВІДОМЛЕННЯ ПЕРЕКОНАНЬ

Давайте згадаємо і поглибимо наше розуміння роботи з переконаннями.

Переконання обмежують вас:

"Я не можу, це неможливо" тощо.

Їх теж можна звільнити.

Будь які переконання важливо записати.

Переконання - це застиглі думки.

Які повторюються та впливають на ваше підсвідомлення.

Ви пам'ятаєте, їх можна змінювати або створювати нові.

У відповідь на питання:

- Які переконання ви хотіли б мати?

Наприклад: "Я зможу, я спробую, у мене все вийде!" тощо.

Можна просто викреслювати старі переконані або просто записувати їх і залишати в зошиті/телефоні.

Можна розвивати їх.

Ставити кому і розвивати:

"Я не можу, але… я спробую і, можливо, в мене вийде І це дуже добре, що я можу спробувати. Бо, коли людина пробує, в неї рано чи пізно все виходить. А це означає, що і в мене все вийде!".

У такий спосіб ви розгорнули думку від "я не можу" до "у мене все вийде".

Можна розширювати переконання, розвивати їх, додавати до них якісь нюанси, грані.

І наприкінці воно міняється.

Таким чином, можна створювати нові, викреслювати старі і трансформувати наявні.

Важливо перевіряти на рівні тіла, які думки вам було б комфортно думати.

Що було б добре вам думати?

Це ваша думка.

І ви можете змінити її.

Можливо, старі думки відображають ваш досвід, але нові створюють новий досвід.

Можливо, старі спираються на минуле, а нові створюють майбутнє.

Чи допомагають ці думки та переконання вашому звільненню від залежності?

Наприклад, може бути переконання про алкоголь: "Всі п'ють".

Розгорнемо його:

"Всі п'ють, але п'ють по різному… І, можливо, мені не варто

цього робити або не варто робити так, як зараз. Може, вато пити по-іншому... Або не пити зовсім!".

Ще один шлях усвідомлення думок та переконань - це пошук їхніх причин.

Ми можемо шукати їх, як ви пам'ятаєте, різними способами.

Наприклад: як давно у вас з'явилися ці переконання?

Або:

коли раніше ви відчували себе в подібному стані?

Коли подібне було у вашому житті?

Інколи людина знаходить себе в такому стані в дитинстві чи в іншому минулому.

А потім стан покращився.

А зараз він знов повернувся.

Щоб бути опрацьованим.

Так буває, коли цей стан не був прожитий повністю.

 Наче щось хоче бути усвідомленим.

Це затягує людину в той стан - щоб його усвідомити.

І тоді треба не (тільки) боротися з цим, а й проходити це усвідомлено - для справжнього і повного звільнення.

Якщо йдеться про якесь минуле, яке ви пам'ятаєте, то можна подивитися туди.

ВПРАВА 18

Чи бачите ви себе там минулому?

- І що ви відчуваєте до себе в минулому?

- Чи є у вас для себе якісь поради, слова, співчуття?

- Від вас чи, можливо, від вашого майбутнього образу?

Інколи ресурсом є образ майбутнього.

Яким ви прагнете стати.

-І як той образ в минулому сприймає це?

Як не дивно, ви, як Термінатор, можете допомогти собі в минулому.

І це працює в багатьох випадках.

Якщо вам це подобається, то ви можете опинитися поруч з собою там, в минулому, в дитинстві чи будь де.

І якщо у вас є щось корисне для себе - можна сказати це чи зробити в уяві.

Чи подумки якесь послання направити собі - і, головне, перевірити, як той "в минулому" сприймає цю допомогу?

Як не дивно, такий сюрреалістичний хід буває дуже корисним.

Насправді, ви прсосто допомагаєте собі, але робите це таким майстерним способом.

З іншого боку, можна запитати ту фігуру, яку ви знайшли в минулому:

- Що ви хотіли тоді?
- Що могло б вам допомогти там?
- Що було б краще для вас?

Включаючи варіант, пам'ятаєте, опинитися взагалі в іншому місці.

Ми не можемо змінити минуле, але ми змінюємо його наслідки в сьогоденні.

І це часто виглядає, як минулі образи, що змінюються.

Минуле вже минуло.

А ці образи залишилися і ми можемо давати їм достатньо свободи і підтримки,, щоб вони отримали необхідні умови для розвитку.

Та відкриття свого - тобто вашого - потенціалу.

Отже, де ви хотіли би тоді опинитися?
- Що могло б вам допомогти?

- Що було б гарно додати в ту історію?

- Що прибрати?

- Або краще було б, щоб її не сталося?

Знову ж таки, можна "ввімкнути праву півкулю" і побачити, що там відбувалося, в метафорі:

- На що це було схоже?

- Наприклад, ви там були

"один чи одна в цьому світі" чи

"в пустелі", чи

"в лісі заблукали", чи

"під тиском", чи

"в тюрмі", чи

"на війні"?

Я маю на увазі зараз не реалістичне минуле, а метафоричне бачення.

- І що було б добре там, що могло б вам допомогти, чи, взагалі, де вам було б краще тоді і що було б в результаті?

- Як би ви відчували себе?

- Яким виростали?

- Яким прийшли б сюди?

- Що б змінилося у вашому стані зараз?

Ми можемо почати з образу минулого і привести його до сьогодення.

В позитивній формі.

- Чи змінюється щось у вашому стані зараз?

Це опрацювання причин.

І хоча ми тільки підійшли до їх усвідомлення, важливо завжди направляти це в рівень розвитку, в шлях відкриття потенціалу.

Якщо щось всередині вас зрушується, якісь процеси відбуваються, дозвольте їм відбуватися.

Ви можете лише перевірити:

- Чи цей процес іде у правильному напрямку?

І якщо так, то це відчуття "процесу всередині", як люди кажуть, "щось відбувається" - це і є гарний результат цього усвідомлення.

Цей процес триває деякий час, просто йому треба дати час відбутися.

Можна подумати, що було б добре дати собі для підтримки цього процесу?

Або просто дати йому час, приймати зміни, проявляти їх назовні.

Дивуватися.

У такий спосіб дозволити собі бути в цьому процесі змін.

Результатом якого може бути трансформація стану.

Ви можете "знайти себе" в новому стані.

І зрадіти цьому.

ОПРАЦЮВАННЯ ПРИЧИН В МИНУЛОМУ

Наша наступна тема - це опрацювання причин. Деякий матеріал буде повторюватися але, сподіваюся, це буде корисно.

Давайте згадаємо як багато ми вже пройшли.

Зрозуміли, що таке залежність.

Що таке психотравми.

Які етапи усвідомлення залежності.

І, нарешті, прийшли до усвідомлення стану зараз і до опрацювання його причин.

Ця частина присвячена саме цьому.

Причин, мається на увазі, в минулому.

Як ми говорили, причина залежності - це невротичний стан.

Який породжує "потяг".

У цього стану є причини.

І ці причини найчастіше знаходяться в минулому.

Саме там ми можемо їх і опрацьовувати.

Не буквально в минулому, а у відбитках минулого в сьогоденні.

В підсвідомості, у внутрішньому світі людини.

Можна сказати, що людина ніби "застрягає там".

Можна прямо там себе знайти.

І допомогти тому образу себе.

А потім забрати його звідти - з розвитком і в позитивному стані.

Або людина в собі зараз знаходить якісь реакції з минулого, переконання, емоції, які теж можна змінити.

І, в якому б часі ми не працювалив в уяві, це все веде до відкриття потенціалу зараз.

Наше опрацювання, як ви бачите, доволі широке і цілісне.

І ми повторюємо його.

Ми проживаємо досвід.

Ми аналізуємо причини.

Ми відкриваємо потенціал.

Створюємо всередині уявні умови для нашого уявного образу для того, щоб відкрився наш потенціал.

Там, де він не відкрився в минулому.

І цей потенціал має бути реінтегрованим зі станом зараз.

Після цього ми повертаємося до стану зараз.

Який вже має бути трошки іншим.

Отже, в цьому процесі ми знаходимо наслідки минулих подій, які отруюють сьогодення.

І ми маємо опрацювати їх для того, щоб змінився стан зараз.

В цілому, сподіваюсь, ця система вам вже зрозуміла.

Ці наслідки або відбитки минулого треба прожити, проаналізувати і відкрити потенціал.

Це три наші напрямки.

Або Три рівні усвідомлення.

ТРИ РІВНІ УСВІДОМЛЕННЯ

Три рівні усвідомлення:

1. Прожити цей минулий досвід,
2. Зрозуміти його причини.
3. Відкрити потенціал.

Ми вже говорили про це раніше, коли розглядали Мапу усвідомлення.

Розглянемо деякі деталі ще раз.

1. Проживання досвіду:

- Що ви відчували там і тоді?

- Що відчуваєте тут і зараз з цього приводу?

- Які емоції були там?

- Які емоції є зараз?

Емоції часто описуються через метафори.
Наприклад, хтось скаже, що це стан "закам'яніння".

Це вже образи, метафори, але це може бути описом емоційного стану.

Метафори теж допомагають усвідомити (усвідомлено прожити) досвід:

- На що була схожа ситуація "там і тоді"?

- На що була схожа та подія, що трапилася?

- З чим би ви порівняли ту історію?

- На що це схоже?

Це буває цілий етап життя. Дуже різні . Але їх всі можна охопити однією метафорою.

І, таким чином, усвідомити, що ж саме там відбувалося для вас суб'єктивно.

В чому суть цього переживання для вас.

Якщо ви хочете розділити цей досвід, найкраще використовувати для цього метафори.

Також важливо усвідомлювати думки:

- Що ви думали тоді?

- Які висновки зробили?

- Які рішення прийняли?

Залежність часто включає в себе рішення, яке людина прийняла, можливо, навіть не дуже усвідомлюючи його.

Наприклад це може бути рішення, що

"ця речовина - єдине що покращує мій стан",

"це те, від чого я не можу відмовитись".

Або "Це круто", наприклад, чи

"так робили герої моїх улюблених фільмів".

Подібні думки можуть з'явитися.

Та заважати вам.

Їх можна усвідомити:

- Що ви тоді подумали?

- Яке рішення прийняли?

- Що зараз думаєте з цього приводу?

- Ці думки допомагають вам чи ні?

З цими думками та переконаннями, ви пам'ятаєте, можна працювати.

Але зараз ми говоримо більше про "проживання" - перший крок опрацювання перешкод.

- Що було б виразом цих емоцій, відчуттів, думок?

- Що було б після цього (якби ви їх виразили, з вашим станом)?

Тобто "прожити" означає усвідомити те, що є, і дати йому свободу прояву.

Особливо це стосується емоцій.

І обов'язково подивитися, що буде після.

Це означає повністю прожити цей досвід.

Якщо є можливість, можна це записати чи розповісти комусь, ви можете це зробити.

Ознакою повного проживання і розділення буде буде

"виснаження досвіду".

Звичайно, людина в цей момент з полегшенням видихає і запитує:

- І що мені з цим робити?

- Що робити далі?

Це гарна ознака того, що ця історія вже висловлена.

І можна переходити на наступний етап.

Так принаймні відбувається в терапії.

Я сподіваюсь, що ви уявили собі це.

І було б добре, якби ви досягли теж стадії повного проживання вашого досвіду, що є причиною стану зараз.

До повного звільнення від нього.

Можна розділити це з близькими людьми, опрацювати з собою подумки або за допомогою малювання, писання, запису цих історій.

Або шукайте терапевта, якому ви зможете це розповісти.

І тоді ви відчуєте, що ви нарешті розділили цей досвід.

Важливо, щоб це розділення призвело до звільнення.

Ви не занурюєтеся знову в цей досвід, не зупиняєтеся там.

А проходите *крізь* нього усвідомлено.

Після цього людина відчуває полегшення.

І навіть "спустошення".

В хорошому сенсі цього слова.

Вона нарешті це вивільнила.

І нічим новим ще не наповнилася.

Людина відчувають "порожнечу всередині".

Це нормальний перехідний стан.

Який буде заповнюватися чимось хорошим.

Дуже часто динаміка стану саме така:

від негативного - в нейтральний, а потім - в позитивний.

Якщо цю пустоту усвідомити, то люди часто знаходять, чим її заповнити.

Такі питання можуть допомогти:

- Чим було б добре, щоб це заповнилося?

- Чим вам хотілося би, щоб це заповнилося?

- Чим саме? тощо.

Люди часто усвідомлюють, що душа наповнюється світлом, теплом, любов'ю, добротою, свободою.

- Чи відчувається це?

І потроху це починає відчуватися, буквально, через кілька секунд або хвилин.

І потім потрохи продовжує наповнюватися в житті після сесії.

Але на шляху до потенційності є ще один етап, який буває важливо пройти.

АНАЛІЗ ДОСВІДУ

Ц е аналіз досвіду.

Його причинно-наслідкових зв'язків.

Бо у людей є потреба "розуміти".

І цю потребу треба задовольняти.

Це частина підтримки і "збагаченого простіру", який ми надаємо клієнту.

І якій ви можете надати самі собі або близькій людині.

І найголовніше, що цікавить людей на цьому етапі:

- Чому так сталося?

- За що це мені?

- Чому вони так себе повели?

Мотиви інших людей дуже важливі.

Ми можемо задавати ці питання самі собі або людині, з якою розмовляємо:

- Як вам здається, що було причиною того, що сталось?

- Як ви там опинилися?

- Чому ви обрали цих батьків (якщо вам цікаве таке

формулювання)?

Інколи таке питання буває корисним теж.

Є така тибетська теорія, що свідомість приваблюється парою і вони стають її батьками в новому втіленні.

Якщо це підходить вам, це може дати цікавий шлях для усвідомлення:

- Що привабило вас у ваших батьках?

Або можна піти далі. І питання, які цікавлять звичайно більш за все, ще такі:

- Чому вони так зробили?

- Що рухало ними?

- Чи хотіли вони вам нашкодити?

- Чи вони робили це з невідання?

Найчастіше, якщо людина вже звільнилася від негативних емоцій в адресу інших людей, - це часто батьки, наприклад, в дитинстві, - то вона усвідомлює,

що вони так робили тому, що самі були не дуже щасливі.

Всі ці етапи - прожити досвід, проаналізувати його та відкрити потенціал - можна проходити в будь якому порядку.

Хтось швидше рухається в потенціал за питаннями:

- Як хотілося би?

- Як було б краще?

Комусь треба більше прожити.

Комусь проаналізувати.

Тобто ви можете проходити це в будь якому порядку.

Але всі ці етапи (рівні, напрямки) можуть бути важливі. Для розширення усвідомлення.

Треба використовувати їх всі - за потреби клієнта.

А наприкінці завжди важливо подумати:

- А як було б краще?

Це головне. Тому що ми прагнемо саме цього - відкриття потенціалу.

- Що могло б допомогти там?

- Або може допомогти тут?

Це питання, яке можна задавати собі постійно і у відповідь усвідомлювати все, що прийде.

І знову задавати це запитання.

_ Що було б краще, що було б ще краще?

І так далі.

Хоча у відповідь на це питання в реальності часто приходить зовсім не позитивна відповідь.

А проявляється той негатив, який ще є на шляху.

І тоді ми повертаємося до його проживання і усвідомлення.

Або стає потрібен аналіз, який ми проходимо.

Це поступовий процес, так, крок за кроком, ці етапи можна проходити в будь-якій послідовності.

Зараз все ж таки проаналізуйте:

- Що рухало тими людьми?

- Чи хотіли вони нашкодити вам?

- Там, в минулому?

- Чи робили вони це з якоюсь метою?

Найчастіше усвідомлюється, що ні.

Що вони самі були нещасні.

Або не відали, що творили.

- А що рухало вами?

- Чому ви там опинилися?

Це теж важливо.

Інколи важливо усвідомити і свої мотиви.

Це не звинувачення, це розуміння причинно-наслідкових зв'язків.

Буває корисно подумати про це, якщо вас або іншу людину це цікавить.

Інколи можна цей аналіз продовжити у висновки.

Але тут важливо розуміти, що ми все ж таки працюємо не на рівні, коли минуле залишається негативним, а з нього робляться висновки.

Ми намагаємося доповнити усвідомлення того минулого досвіду для того, щоб він перестав сприйматися як негативний, бути негативним, перестав бути "заряджений негативною енергію", перестав впливати на вас.

І тому висновки в нашому випадку відносяться саме до цього, до ще одного напрямку усвідомлення, аналітичного усвідомлення цього досвіду.

- Чому це вчить, які уроки можна з нього винести?

Усвідомлюйте це.

ВІДКРИТТЯ ПОТЕНЦІАЛУ

Ну, і коли ми кажемо про відкриття потенціалу...

Це третій етап або напрямок опрацювання минулого травматичного досвіду.

Пам'ятаєте, в кожній людині є потенціал.

І він потребує умов для свого розвитку.

Якщо цих умов не було достатньо в минулому, то...

потенціал залишається з людиною.

І може бути відкритим коли завгодно.

Коли ці умови створяться.

Це гарна новина.

Завдяки нейропластичності людина розвивається все життя.

Не відкритий в минулому потенціал може бути відкритий зараз.

Саме для цього ми працюємо з минулими причинами.

Відповідні питання на усвідомлення допомагають

відкрити потенціал.

В образах минулого але "тут і зараз".

- Що тоді хотілося?

- Що було б краще?

-Що могло б допомогти?

- Як було б краще для вас?

- Включаючи варіант, щоб цього не сталося?

- Що було б після цього?

- В цьому випадку?

- Якби так було, то що було б далі?

- Яким/ою ви ставали б зараз?

Інколи буває миттєвий стрибок прямо в сьогодення і інтеграція позитивного досвіду в стан зараз.

А буває, що людина подумки проходить життя у новий спосіб і приходить в сьогоднішній стан поступово.

Інколи цей образ потенціалу настільки відрізняється від самої людини, що здається, "це не я".

І тут виступає потреба інтегрувати цей образ, як окреме завдання.

Важливо пам'ятати, що всі образи, які ми опрацьовуємо, вже були в вас початково.

Вони саме з вас з'явилися в усвідомленні.

Ніхто їх не навіював і не пропонував.

І тому будь яка зміна в них вже змінює щось всередині.

Навіть якщо це сприймається, як зміна десь там.

В минулому чи в паралельному світі.

Але інколи можна використати ресурс часу:

- Чи може це інтегруватися з вами в майбутньому?

Або:

- Чи хотіли б ви проявити риси цього образу?

ЗБАГАЧЕНИЙ ПРОСТІР

Тут, можливо, варто згадати таку цікаву інформацію.

Є нейрофізіологічні дослідження про "збагачений простір".

Наприклад, про них розповідає український патофізіолог, Віктор Досенко.

Я прочитав колись його інтерв'ю саме з цього приводу.

В якому він розповідає про експерименти на мишах.

В мишей теж бувають психотравми, їх теж можна викликати, з ними проводять такі експерименти - заради людей.

Сподіваюсь, що з ними наприкінці все гаразд.

В даному прикладі якраз так і буде.

І от, патофізіолог помітив, що найкращий спосіб допомогти миші після психотравми - це створити для неї "збагачений простір".

Унікальним способом зцілення психотравми є створення для мишей збагаченого простору, "мишачого раю", як це називає журналістка.

Це означає, що миша поміщається в клітину, більшу за розмірами.

Де повно їжі, повно різних розваг, гойдалок та приємних для миші речей.

Все є в цій клітині.

І в цих умовах миша дуже швидко виходить з посттравматичного стану.

Їй створюється такий простір, де вона реалізує всі свої можливі бажання.

І, у такий спосіб, вона дуже швидко зцлюється від посттравматичного стресу.

І далі дослідник зауважує: "Але важко це перенести на людину. Тим більше, що людина після травми не дуже схильна до таких розваг".

Тут хочеться вступити в діалог і нагадати, що у людини є друга сигнальна система, є можливість *уявляти* собі це.

Бачити "сновидіння наяву".

І ця уява цілком замінює реальність для підсвідомості.

Ми *можемо* перенести цю методику на людину.

Не фізично, а в усвідомленні.

Хоча, пам'ятаєте історію про комфортні умови для наркоманів, де вони залишали без ломки залежність? Це теж працює.

Але зараз ми говоримо про те, що "збагачений простір" можна створити у природній візуалізації, в уявному просторі та, навіть, "в минулому часі".

Наприклад, якщо ви себе бачите чи відчуваєте маленьким чи маленькою всередині, то що хотів/ла би цей хлопчик або ця дівчинка, де йому/їй було б добре?

Тут може з'явитися, що завгодно.

Це як сновидіння, в якому можливо все.

Все може статися казковим способом.

Ви можете отримати всю недоотриману любов.

НЕДООТРИМАНА ЛЮБОВ

Є, до речі, гарне питання.

І така методика:

ВПРАВА 19

Усвідомте, скільки ви недоотримали любові в житті?

Наприклад, скільки ви недоотримали любові в дитинстві?

Якщо це в чомусь виміряти, то скільки б це було, наприклад, "роки любові", "море любові", "океан любові", "всесвіт любові" чи "декілька всесвітів"?

І, коли ви це усвідомили, чи можна вам задати наступне цікаве питання:

- А що було б, якби ви отримали цей океан любові?

- Що було б з вами?

- Що було б з тим дитячим образом, якби він отримав всю цю любов?

Що було б з вашим образом там, в минулому, якби він отримав всю цю любов?

Яка до нього "не доїхала", не була "доставлена" за певних причин?

Які ми вже аналізували.

- Як би змінився той образ?

- Яким/ою би зростали ви?

І ви можете відчути, що, "ну, тоді я був/ла б зовсім іншою людиною!".

"Я була б впевнена в собі", "я б зростав більш мужнім" чи "я зростала б більш жіночою".

І можна це повести, повести, повести далі.

Яким би ви зростали тоді?
Якою б ви зростали тоді?

Якою були б зараз?
Яким би були зараз?

Що було б добре додати ще?

Що було б ще краще?

Тут бувають дуже цікаві та несподівані відкриття.

Свого стану.

І нарешті, можна пов'язати це з запитом:

- Чи була б у вас у цьому випадку залежність, чи ні?

- Чи були б ви вільною людиною?

І люди - або ви - можуть усвідомити, що в цьому потенціалі, який відкривається зараз, не має залежності.

Отже, ми можемо використовувати метод "збагаченого простору" на етапі відкриття потенціалу.

Бо люди, на відміну від мишей, можуть уявляти.

Потенціал, який ми відкриваємо з цих минулих історіях, варто перевірити - чи є у нього залежність, чи ні?

Звісно, якщо ми даємо всі найкращі умови для розвитку, то людина виростає вільною.

І ніякої залежності не з'являється.

Важливо усвідомити це.

Немає залежності в потенціалі людини.

В справжньому стані людині.

Який відкривається завдяки "збагаченому простору".

Людському уявному "раю".

В тибетському тантричному буддизмі, до речі, є схожа методика візуалізації просвітленої мандали.

ІНТЕГРАЦІЯ ПОТЕНЦІАЛУ

Якщо ми відкрили цей потенціал, в нас з'являється завдання його інтегрувати.

Всі ці образи початково були з вами чи з людиною, яка залежна.

Якщо вони змінюються - змінюється ваш стан.

Але буває, що цей образ уявляється чимось чи кимось неймовірним, настільки, що "я не можу бути таким".

Тоді можна використовувати такі можливості.

- Чи може це образ *додатися* до вашого стану, не відміняючи того, що є зараз?

Це гарно працює.

Не треба нічого віднімати в людини, краще додати більше свободи, більше потенційності.

Ця потенційність розчинить залежність.

Будда казав, що якщо ложку солі розчинити в стакані води, це буде дуже солона вода. А якщо в річці Ганг, то це буде непомітно.

Таким чином, якщо відкривається потенціал, проблеми розчиняються.

В цій потенційності вашій, вашого клієнта або вашої близької людини.

Наступне питання додає в цей процес ресурс часу.

- Чи може це статися в майбутньому?

Інколи треба дати інтеграцію. Люди тоді легше її сприймають.

Кажуть "так, це може поєднатися зі мною, але не зараз".

- Окей, а коли, в якому часі?

- Чи можете ви дати собі цей час?

- Можливо, його треба чимось заповнити, щось треба зробити в цей час, або просто його дати?

Важливо, що ви не віднімаєте цей час в себе, а *даєте*, даруєте його собі.

Та Всесвіту.

Як кажуть, "дайте Богу шанс". Дайте час, щоб розгорнулися зміни.

Це окрема методика.

Яка може допомогти.

Інколи можна запитати так:

- Чи не хотіли б ви проявити *риси* цього образу, потенціалу, який розкривається?

- Ким ви могли б бути тоді?

І людина через *риси*, наприклад, "впевненість, стійкість, свобода, незалежність" може інтегрувати цей стан.

Їй не треба ставати іншою, якщо це важко. Треба додати рис.

Якщо щось відчувається в цьому процесі зараз, чи в людини є таке усвідомлення, що так може статися в майбутньому, - це і є інтеграція.

Ми можемо запитати:

- Чи змінюється ваш стан?

- Чи є відчуття процесу всередині?

Якщо щось відбувається, це і є той самий *процес трансформації*, якого ми прагнемо.

Йому треба дати час.

Але починається він вже сьогодні.

І у такий спосіб ми досягаємо необхідного розвитку.

ПОВЕРНЕННЯ ДО СТАНУ ЗАРАЗ

Ми повертаємося до стану зараз, щоб перевірити:
- Шо відчувається зараз?

А потім до запиту, до залежності:

- Чи змінюється щось у погляді на неї?

- Чи взагалі вона ще якось чіпляє вас?

- Щось відгукується у вашому стані на цю тему чи ні?

Якщо "Так", то можна пройти все це коло ще раз.

Або ще не один раз.

Це коло опрацювання:

-	проявити потенціал у майбутньому;

-	дослідити стан зараз;

-	пошукати причини в минулому;

-	відкрити потенціал.

Це можна проходити по декілька разів, тому що залежність - складна тема.

Якщо в стані зараз знаходиться щось негативне або не підходяще - це привід пройти всі етапи ще раз.

Але якщо є хоча б маленька зміна в кращу сторону - це успіх.

Вона означає, що ваш стан може змінюватися.

Це вже досягнення, яке можна підтримувати і дозволяти йому розгортатися.

Можна подумати:

- Що ще могло б вам допомогти?

- Як підтримати цю зміну?

- Які рішення прийняти з цього нового стану?

- Що зробити назовні?

 І після цього вже з'являється відчуття завершеності.

Сьогоднішнього процесу трансформації.

І, можливо, якісь нові ідеї прийдуть вам в голову.

Можливо, ви подумаєте:

- Чим взагалі вам хотілося б зайнятися?

 Повернетеся до початкового етапу.

 Про мету, про цілі.

- Чим ви будете займатися, коли звільнитесь від залежності?

Сподіваюся, що зараз це звучить для вас більш реалістично.

На цьому ми завершуємо цю частину.

СПРАВЖНЯ СВОБОДА

Ми переходимо до завершального етапу, на якому підведемо підсумки нашого шляху та розглянемо, що ж ми маємо на увазі під результатом звільнення від залежності, що ж таке свобода?

Я хочу нагадати вам, що цей наш шлях доволі інтенсивний.

І тому, якщо ви відчуєте потребу ще раз перечитати минулі етапи та попрацювати над ними, то, будь ласка.

Тут головне усвідомити, що свободу не можна дати.

Не можназвільнити від залежності.

Людина може це зробити лише сама.

Не можна звільнити іншу людину від залежності, якщо ви - співзалежна людина.

Або фахівець, що працює з залежними.

Це може зробити лише сама людина.

Ми маємо їй допомогти.

В нас є гіпотеза, що "від хорошого люди не відмовляються".

Враховуючи те, що залежність не є щасливим станом,

якщо ми пропонуємо людині щось хороше, вона обов'язково це прийме.

Та використати це треба самій людині.

Тож, якщо ви хочете, щоб ця книга принесла вам результати, використовуйте її самостійно.

Ну, а ми тим часом продовжимо.

В нас була перша частина, де ми говорили про структуру залежності.

Потім ми говорили про свободу усвідомлення, потенціал людини, підтримку в усвідомленні, зокрема, психотравм, що є в основі неврозу.

Компенсацією якого є залежність.

Про опрацювання психотравм: повне проживання досвіду, його аналіз і відкриття потенціалу.

Що починається це з усвідомлення мети і так далі.

Багато матеріалу вже пройдено.

Ми розглянули Мапу усвідомлення та етапи усвідомлення залежності.

І, нарешті, ми переходимо до наступного нашого етапу, на якому поговоримо про свободу, як протилежність залежності.

ВПРАВА 20

Чи відчуваєте ви свободу всередині?

- Чи є у вас хоча б маленька частинка, яка відчуває себе вільною?

І я хочу нагадати вам, що свобода, як ми це розуміємо, це не тільки зовнішній стан.

Людина часто уявляє собі свободу, як можливість робити щось ззовні.

Робити те, що їй хочеться.

І з цієї точки зору залежна людина в якомусь сенсі "вільна".

Якщо її не обмежують оточуючі, вона робить те, що хоче.

Але, як ми бачимо, це призводить до поганих наслідків.

І тому це, виходить, не є *справжня свобода*.

Що ж таке *справжня свобода*?

Справжня свобода знаходиться всередині.

Це стан, з якого ви можете приймати відповідні до ваших цілей рішення.

Усвідомлювати, що ви хочете, щоб було в вашому житті.

І що потрібно для цього зробити та що не робити.

Ви самі обираєте це і ви також можете потім думати, говорити та діяти відповідно до ваших рішень.

І у такий спосіб створювати свій *образ життя.*

Можна, до речі, доволі буквально говорити про *"образ життя"*.

- На що схоже ваше життя зараз?

- А яким ви хотіли би його бачити?

І тут не обов'язково думати про якісь шаблони типу "здоровий образ життя".

Це може бути ваш власний образ, який ви створите вільно, у відповідності до ваших цінностей, цілей та намірів.

І це дуже важлива та цікава штука.

Бо дуже добре, коли є співпадіння у людини між цілями та цінностями.

Цінності - це те, що важливо вам, що ви вважаєте цінним.

Це можуть бути "здоров'я, фінанси, стосунки, мир, здоров'я близьких, щастя дітей або своє власне, щастя батьків".

Тобто все, що ви вважаєте цінним, і є ваші цінності.

Це можуть бути якості, риси, речі, явища тощо.

Часто йдеться про якості.

Справедливість, наприклад.

Та інші.

- Що ви вважаєте цінним?

- Як ви хотіли би реалізувати це в своєму житті?

Дуже добре, коли ваші цілі, наміри, слова та дії відповідають вашим цінностям.

Є втіленням ваших цінностей.

Тоді з'являється справжня свобода.

Ми вже говорили про те, що слово "свобода", схоже, має санскритське походження.

І означає "сва-бодха", "єднання з усвідомленням".

З *пробудженим розумом (бодхі)*, що є любов і мудрість.

І який, в якомусь сенсі, проектує світ.

В якому ми живемо.

Це дуже схоже за сенсом до слово "дух".

"Свобода" - це єднання зі своєю глибинною суттю, з духом, з вільним простором усвідомлення.

Яке не обмежене нічим.

Не ототожнене ні з чим.

По суті, є нічим.

Але яке все сприймає і все проявляє.

І коли ми торкаємося або поєднуємося з цим станом всередині, то ми можемо отримати справжню свободу.

Яка може проявитися навіть у власне обраних обмеженнях.

Або, з іншого боку, у ситуації зовнішніх обмежень.

Ми згадували відомий приклад на цю тему Віктора Франкла, який під час Другої світової війни перебував у фашистському концтаборі.

А написав книгу про це.

І розвинув цілий напрямок психотерапії, побудований на усвідомленні сенсу.

Перебуваючи в концтаборі, він залишав собі свободу ставлення до того, що відбувалося. І завдяки цьому, як він вважає, вижив.

Тобто, навіть там, де зовнішня свобода обмежена, можна зберігати внутрішню свободу.

Не кажучи вже про умови, коли зовнішня свобода не обмежена і ви можете обирати.

Зараз ми маємо багато прикладів прояву такої свободи духу в українцях.

Протилежністю цієї свободи є залежність.

Коли людина є заручником не зовнішніх речей, а своїх власних реакцій.

На зовнішні речі.

Проблема не в самому об'єкті залежності, як вважають інколи люди на побутовому рівні, про що ми вже писали раніше. Наприклад, "водка згубила життя".

Це не "водка згубила життя", а ставлення до неї.

Ставлення до неї і втрата власної свободи вибору, власної свободи.

І тому на цьому глибокому рівні усвідомлення і розуміння цих істин, ми бачимо протилежністю залежності не відсутність вживання, а стан свободи.

Який я пропоную вам відчути.

Можна запитати по-іншому:

- Як вам здається, чи були ви колись вільними?

- Чи відчували ви колись свободу?

Можливо,

- в дитинстві,

- в юності,

- раніше,

- до одруження,

- до перших змін,

- до війни,

- до зміни роботи,

- до відкриття бізнесу?

Люди різні.

Вони інколи настільки захоплюються зовнішнім світом чи настільки реагують на нього, захоплюючись цією реакцією, що втрачають себе, втрачають свій власний стан свободи в самих несподіваних обставинах.

І тоді з'являється залежність.

Залежність є наслідком втрати свободи.

Альтернативою залежності є свобода.

З якої людина може обрати.

Все, що завгодно в своєму житті.

В тому числі, вживати їй чи ні.

З якого людина ніколи не зробить собі щось погане, так

само як не буде руйнувати стосунки і те, що їй цінне.

Отже, наша мета - повернутися в стан свободи.

Відкрити її в собі.

Якщо цей стан свободи вами не згадується, чи можете ви його уявити?

Спроектувати цю свободу в майбутнє?

Можливо, ви відчуваєте її десь глибоко всередині?

На що вона схожа?

Що було б її символом?

І що б ви не усвідомили, будь ласка, помітьте це і сприйміть, як щось дуже і дуже цінне.

Тому що, як я вже казав, сучасні психологічні дослідження показують, що єдиний корелят задоволеності життям - це свобода.

Залежна людина ніколи не може бути щасливою.

А якщо людина має свободу, вона буде задоволена у будь-якому випадку.

Має вона якісь складнощі в житті чи все складеться гладко.

Людина, що вільна, не буде шкодити ні собі, ні іншим.

Вона буде задоволена життям і зможе реалізувати себе.

І саме на цьому ми хочемо сфокусувати нашу увагу.

Найкраще, що ми можемо зробити, це проявити свободу, яка в нас природньо закладена.

Але яку треба реалізувати за певних умов.

Для свого розвитку.

Це і є наш головний потенціал.

І якщо якісь проблиски свободи зараз ви відчули в собі, чи, можливо, відчули справжню свободу, можна розвинути це.

Усвідомити, як було б, якби ця свобода повністю реалізувалася?

Якби ви були повністю вільною людиною?

Як би ви відчували себе?

Як би це проявилося у вашому житті?

Інколи людям легше усвідомити це через певні обставини.

Де ви відчували б себе вільним?

Хтось відчуває себе в горах.

Хтось на пляжі.

Хтось в лісі.

А хтось з якоюсь людиною.

Якби все було так, як би ви відчували себе?

Стан, що з'являється від цієї уявної картини, можна втілити у житті.

Як це могло б проявитися у вашому житті?

Що ви будете робити, коли будете вільними?

Що ви робили б тоді?

Якби були вільними по справжньому?

І *для* чого це було б вам?

Що було б першим проявом вашої свободи?

Що б ви зробили?

Знаєте, інколи люди мріють про якісь дивні речі.

В уяві вони бачать умови для розкриття свого потенціалу.

У мріях проявляється наш потенціал.

Навіть у фантастичних.

Один хлопець мріяв, щоб "на нього звалився мільйон доларів". Це був юнак, майже підліток.

Я його запитав, а що б ти зробив, якби так сталося?

Він замислився, бо ніколи не думав про це.

І відповів: я придбав би ноутбук для того, щоб робити відео, які я хочу робити.

І в цю мить він усвідомив, що, насправді, йому потрібен ноутбук, а не мільйон доларів, ноутбук, на якому він хоче займатися своїми улюбленими відео.

І він може просто заробити на цей ноутбук.

Інколи свобода вже в тому, щоби дозволити собі мріяти.

Бо, коли людина не бачить ніякого майбутнього, це відчай.

І це якраз і прояв, і причина депресії.

Якщо з'являється хоч якесь майбутнє, можна сказати, фантазії або мрії, це вже дозволяє змінитися стану і подивитися на життя по іншому.

І з цього стану людина починає щось робити по іншому.

Це призводить до того, що змінюється життя.

Залежність відступає від прояву свободи.

Спочатку на рівні мрій.

А потім, можливо, через опрацювання стану і минулих

психотравм, як ми про це вже говорили.

Саме свобода є протилежністю залежності.

І саме свободи має прагнути залежна людина.

І ми разом з нею.

Тому що свобода наповнює, дає щастя, свобода не вимагає від чогось відмовлятися.

Свобода, навпаки, дає всі можливості.

Як сказав, здається, апостол Павел, "християнину все дозволено, але не все корисно".

1-е до коринтян 6:12-14 UBIO
Усе мені можна, та не все на пожиток. Усе мені можна, але мною ніщо володіти не повинно.

І це якраз про свободу.

ТОбто в свободі немає ніяких обмежень.

Ви дійсно вільні.

Можете робити все, що завгодно.

Ви вільні не тільки ззовні, а й всередині.

Ви вільні, а значить, ви проявляєте любов і мудрість.

Свободу думати, говорити, робити вчинки, виходячи з цього.

І з цього стану ніколи людина не потрапить в залежність.

І не буде робити шкоди собі та іншим.

Це дуже важливо.

Ідея, що протилежність залежності - це саме свобода.

Не невживання.

І до цього треба додати ще таку річ.

Знаєте, як сказав один духовний вчитель:

"Нам треба отримати свободу та зберегти контакт з іншими людьми".

Бо часто у людей свобода асоціюється з самотністю.

А якщо я в стосунках або спілкуюся з кимось, то це обов'язково втрата свободи.

Якщо я "в соціумі" - це втрата свободи.

Парадокс якраз в тому, що нам треба мати свободу і залишатися в стосунках.

І з точки зору, що свобода існує всередині, це більш зрозуміло.

Є вислів величного тибетского Гуру Падмасамбгави:

"Мій погляд широкий, як небо, а мої дії тонкі, як борошно".

Це означає, що ми можемо бути абсолютно вільні всередині.
Та абсолютно адекватні ззовні.

І тоді ми не будемо мати ніяких поганих наслідків, не будемо мати проблем, а будемо мати справжню свободу.

Залежність, яка імітує звільнення, насправді затягує людину в стан ще більшої несвободи.

І в наступному розділі я хотів би поговорити якраз про соціальну реадаптацію.

СОЦІАЛЬНА РЕАДАПТАЦІЯ

Чесно кажучи, бувають дуже різні типи залежних.

І я можу сказати зі своєї практики, що є люди, які не потребують ніякої соціальної реадаптації.

Я маю на увазі проживання в реабілітаційних центрах, притулках чи монастирях.

Є люди, яким це не потрібно.

А є інші.

А є люди, яким це потрібно просто вкрай.

Перші - це люди, в яких збережені соціальні ресурси.

В них найчастіше є робота чи бізнес та оточення, яке їх підтримує.

Якщо ми опрацюємо їхні внутрішні причини залежності, то вони можуть просто повернутися до того оточення, яке в них вже є.

Це, так би мовити, "вищий рівень" залежних. Найменш зруйновані особистості.

Але бувають інші люди, які, на жаль, багато втратили.

Або вони і не мали цього.

І в них може не бути ані роботи, ані заняття, ані бізнесу, ані оточення, ані підтримуючих стосунків.

Нікого і нічого.

І цим людям варто шукати спільноти, де вони зможуть знайти підтримку.

І самим навчиться допомагати іншим, стати волонтерами.

Таке знаходження підтримуючого оточення, заняття, соціальної реадаптації буває дуже важливим для них, крім усвідомлення.

Та крім індивідуальної терапії.

Я зробив ці висновки з досвіду роботи з залежними.

Практично в терапії треба говорити про це, згадувати про ці можливості, та використовувати їх. Вони для того й призначені.

Та в самоусвідомленні теж.

ДУХОВНИЙ ДОСВІД ЯК РЕСУРС

Як я вже казав, залежність пов'язана з фігурою батька. Яку треба опрацювати і знайти контакт з позитивним, ресурсним образом батька.

Ця тема може бути розширена і на духовний досвід.

Хочу детальніше розповісти історію, яку вже згадував.

Про людину, залежного алкоголіка, який запійно випивав, але прийшов на терапію і в цілому був налаштований лікуватися, бо він розумів, що щось не те відбувається в його житті.

Прийшов він з жінкою, як це буває, але працювали ми з ним вже вдвох.

І опрацювали декілька історій.

Перше відчуття в тілі, пов'язане з залежністю, було в голові і нагадувало "футбольний м'яч".

Голова була "як м'яч".

Ці образи, що з'являються в усвідомлені, наче щось говорять нам, хочуть розповісти якусь історію.

І ми можемо слідувати за ними.

Цей м'яч привів нас в історію про гру в футбол у школі.

І цей чоловік усвідомив, що тоді він був *щасливим без алкоголю.*

Так, інколи напруження приводить в забутий ресурсний досвід.

Дуже корисно було йому згадати, що він мав такий досвід щастя і свободи, досвід задоволення життям - без алкоголю.

На відміну від того, що відбувалося потім.

А потім ми рухались по життю, опрацьовуючи різні напруження, які були пов'язані з *першим вживанням, з травматичним досвідом* в юнацтві, під час служби в армії та в дорослому віці.

А в кінці сесії, коли я запитав, як зараз ви себе відчуваєте, - приблизно на тому етапи сесії, де ми знаходимося зараз у нашій книзі, - він щиро відповів:

"В мене є якісь сумніви".

І що робимо ми? Ми усвідомлюємо це теж.

Все, що виникає в свідомості, є грунт для усвідомлення.

- Чи допомагає це позбутися залежності?

Бо сумніви бувають двох видів.

Є сумніви, крізь які людина йде.

А є сумніви, які блокують її шлях.

"І що це за сумніви? - запитав я, - На що вони схожі? Де вони відчуваються?"

"Вони відчуваються в голові, а схожі на чортика з

дзвоником".

І ми пішли не шляхом релігійної інтерпретації, а шляхом асоціацій.

"Які асоціації з цим чортиком та з цим дзвоником?"

Це привело нас до ще однієї історії в школі, де наш клієнт змушений був захищати себе.

Від старших хлопчиків.

А "чортик" був ілюстрацією до казки, яку вони тоді вивчали.

І він надихав його.

Бо він був "хитрий і спритний", проявляв ті риси, які йому самому хотілося б мати.

А "дзвоник" засоціювався вже з "символом злих сил" з романів фентезі, які він полюбляв зараз, вже дорослим.

І він зрозумів, що риси "чортика" зараз йому не на користь.

Але цікавим моментом був зв'язок цієї історії з батьком.

Клієнт зауважив, що в ті часи не хотів звертатися за допомогою до батька, тому що вважав, що батько "розбереться" занадто грубо.

Клієнт не хотів цього.

І тому приховував від батька свої шкільні проблеми.

Таким чином, ця історія вказала на *дисконтакт* з фігурою батька, який з'явився в школі і залишався все життя.

І ми опрацювали цю історію.

Це був важливий момент.

Коли ми поговорили про фігуру батька, клієнт зрозумів, чому батько так поводився, в чому була причина його грубості, та які емоції він до нього відчував.

І через розділення й усвідомлення дитячих вражень, відбулося прийняття фігури батька.

Розуміння його.

І у такий спосіб всередині клієнта з'явився "позитивний батько".

В деяких випадках достатньо прийняття.

В моєму досвіді, відновлення зв'язку з внутрішньою фігурою батька є важливим моментом в лікуванні залежності.

А якщо розширити це або, як казав Юнг, ампліфікувати, то можна сказати, що батько символізує щось більше: є і "духовний батько", і духовний вчитель, "як батько".

І Бог-отець.

Хоча на Сході "лама" означає "велика мама". Там трохи інша традиція.

Є "Батько небесний" і зв'язок з батьком земним може символізувати "зв'язком з духом".

Я думаю, що архетипово так і є.

Тому до цього можна додати: важливим моментом для звільнення від залежності є будь яка форма духовної практики.

Якщо у людини з'являється зацікавленість в цьому, це може бути потужна сила, що допоможе їй, тому що дух і є свобода.

"Дух віє де хоче".

Дух - це справжня свобода.

Це єднання з глибоким і цілісним усвідомленням.

Буває, людей цікавить християнська релігія, буває, медитації, буває, йога, буває щось інше.

Не так важливо, який шлях ви оберете або який шлях обере вас.

Вам лише треба прийняти його.

Є така фраза у Христа: "Ніхто не приходить до мене, якщо Отець не приводить його".

Від Івана 6:44 UBIO
Ніхто бо не може до Мене прийти, як Отець, що послав Мене, не притягне його...

Тому, якщо у вас чи у близької вам залежної людини, чи у ваших залежних клієнтів є зацікавленість у духовній практиці - це варто підтримувати, цінувати, шукати шляхи для її реалізації.

Тут є різної глибини погляди.

Мені подобається найвищий, про який я вперше прочитав у американського філософа і дослідника духовних практик і психології Кена Вілбера:

"Духовна практика - це прояв духовного потенціалу, який в нас вже є".

Тепер я знаю, що він схожий з вищими вченнями тибетського буддизму, а може й інших релігій.

Справа в тому, що в нас потенційно вже є духовність, нам не треба її створювати.

Це наш природній дар.

І нам потрібні лише умови для того, щоб цей дар пробудився, розкрився, проявився в нашому житті.

Для цього потрібна духовна практика.

Мені здається, це дуже корисний та надихаючий погляд.

Так само ми дивимося і на свободу.

В людини є потенціал свободи.

Його треба лише проявити.

Знайти умови для його прояву.

В нас є дух, нам треба "просто" створити умови для його прояву.

Це і буде духовна практика.

Це і буде свобода.

Сподіваюсь, що ви усвідомили важливість цієї теми і, якщо відчуєте в собі певні інтереси, то шукайте можливості.

Яких в сьогоднішньому світі більш ніж достатньо.

Я хотів би підсумувати:

Залежність ми бачимо як тимчасовий стан.

В основі кожного є свобода.

Здоровий потенціал є в кожній людині. Без винятку.

І якщо він не розкрився за певних причин, він може розкритися зараз.

Для цього треба створити умови.

Своєю комунікацією (навіть з самим собою) або терапією.

Ну і нагадаю, що залежність є компенсованим неврозом.

Людина має функціональний розлад всередині, який вона компенсує вживанням.

Невдало "лікується" об'єктом залежності.

Тимчасово покращує свій стан.

Що призводить до додаткових проблем.

Цей невроз викликається психотравмами.

І все це можна опрацювати шляхом усвідомлення.

І у такий спосіб звільнитись від залежності.

І як саме це робити? Що таке усвідомлення? Ми з вами поговорили про це вже достатньо.

Це здібність, присутня нам природньо.

Здібність знати і відчувати свій стан.

Його причини та потенціали.

Які можуть проявитися.

Ми можемо усвідомити себе та дізнатися, які наші цілі та цінності.

Що ми відчуваємо зараз?

В чому причина нашого стану?

Все це можна усвідомити і опрацювати.

Цей досвід перестає бути тягарем і стає справжнім *досвідом*, матеріалом, на якому ми розвиваємося.

Через відкриття можливостей.

Будь який залежний потенційно є вільною людиною.

Але треба створити умови, щоб ця свобода з'явилася.

Протягом певного часу це звільнення може розгортатися, як процес.

А починається все з зацікавленості чи згоди.

І це можна робити і самостійно.

Є багато прикладів людей, які звільнилися самостійно.

Є приклади, коли оточуючі чи близькі допомогли.

Але якщо це не працює - шукайте допомоги.

ДЛЯ СПІВЗАЛЕЖНИХ

В мене був клієнт, в якого був залежний батько.

І він розумів, що батько руйнує своє життя.

І він від цього страждав.

Але його реакція на батька була "злість".

І коли ми допомогли йому усвідомити цю злість і зрозуміти батька, він став ставитись до нього з прийняттям.

І з цього прийняття він зміг спокійно з ним поговорити.

І коли він спокійно, без злості з ним поговорив, то батько зміг сприйняти його.

Почути і відповів йому: "Так, я згоден з тобою. Але я вирішу сам".

І клієнт повірив, залишив його.

І той ще випивав кілька днів, а після цього перестав і позбувся залежності.

Такий приклад.

Тут важливі такі моменти.

По-перше, це має вирішувати сама людина.

По-друге, якщо ми хочемо допомогти близькій людині, нам треба прийняти її.

А для цього привести до ладу свій власний стан.

Можливо вам цікаво дізнатися, що допомогло цьому клієнту прийняти батька?

Я б сказав, це була "королевська вправа" на усвідомлення іншої людини, яка заключається в тому, що ви просто ставити себе на її місце.

ВПРАВА 21

Технічно це можна зробити так: уявіть в своїй кімнаті чи в просторі цю іншу людину.

Вона сидить чи стоїть?

І потім підіть та станьте цією людиною, там, де ви її побачили.

Таке переміщення в просторі допомагає.

Деякі люди кажуть, що мені не треба переміщатися, я можу і так уявити, що я є зараз мій батько, наприклад.

Це теж працює.

Але переміщення в просторі підтримує цей момент.

І з цим клієнтом було саме так, з переміщенням.

Я запитав його, чи не хотів би він більше зрозуміти батька?

Він відповів "Так.".

Важливо, щоб людина хотіла це робити.

Я помітив, що це добре працює, коли у людей є ресурс.

А по-друге, коли вони дійсно зацікавлені в стосунках.

Бо якщо ця людина вам не важлива, ви не знайдете мотивації та ресурсу ставати на її місце.

Отже, я запропонував цьому клієнту уявити батька в кабінеті, де ми знаходились.

Він уявив, що той сидить на підлозі біля дверей.

Я запропонував йому піти і "стати його батьком".

Він пішов, сів на підлогу і просидів там декілька хвилин.

З його очей котилися сльози.

Він занурився в переживання.

Нічого не говорив.

Інколи можна поговорити з тією роллю, в яку входить людина.

Але буває і так, що мовчання достатньо.

А потім він повернувся на своє місце.

Це важливий момент.

В кінці треба вийти з цієї ролі.

І, якщо це розділялося в просторі, ви просто повертаєтесь на своє місце.

А якщо ви це робите подумки, то відпускаєте цей образ і повертаєтеся в свій стан.

Можна себе торкнутися і так заземлити.

Він повернувся на місце.

І сказав:

"Коли я зайшов в стан батька, я зрозумів, як йому тяжко всередині. І я перестав його засуджувати".

Це усвідомлення допомогло йому пізніше з батьком поговорити.

Це дуже важливі моменти.

Можна це робити самому.

Для того, щоб в результаті проявлятися більш конструктивно для іншої людини, яка є залежною поруч з вами.

Якщо це все не виходить, бо буває важко, то варто подумати про те, щоб звернутися до фахівця, який працює з цими питаннями.

Я не можу сказати, що спеціалізуюся на залежностях, але, якщо звертаються люди з залежністю, я працюю з ними, тому що, як вже казав, в мене є певне бачення, перевірене практикою.

Є різні можливості допомогти іншій людині.

- Як можна підтримати її в цьому процесі?

Тут можна додати вправу для співзалежних.

ВПРАВА 22

Вам може бути корисно усвідомити, якою ви бачите залежну людину там, де ви про неї переживаєте.

Всередині вас.

Звичайно, це відчуття у грудях.

І ось там, де ви це відчуваєте - якою вам там уявляється залежна людина?

- В цьому відчутті в тілі, де ви про неї переживаєте?

- Якою ви бачите її в своїй душі?

Перевірте себе:

- Чи не уявляється вона вам у негативному образі?

- Або меншою за віком?

- Або якоюсь нещасною, без потенціалу?

- Або навпаки якоюсь жахливою та страшною?

Це дуже важливо усвідомити.

І якщо ви усвідомили це, то у вас з'являється можливість покращити спочатку свій власний "образ іншої людини" у ваших відчуттях.

А потім це допоможе вам більш продуктивно спілкуватися з нею.

Та, в результаті, допоможе їй.

Як це зробити?

Відчуйте, що ви відчуваєте до цього образу залежної людини в своїй душі.

- Як би ви проявили це відчуття?

Наприклад, співчуття до цього образу? Подумки?

- Як він/вона сприймає це у вашому баченні?

Якщо це відбувається, проявіть все своє співчуття в своїй уяві до цього образу.

Та усвідомте, як він змінюється.

Інший спосіб - це запитати подумки сам цей образ:

- Що хотілося б йому?

- Де йому було б добре?

- Яким би він тоді би став?

- Яким би хотів стати?

І ви можете в уяві побачити розвиток цього образу - до того моменту, коли він проявить свій потенціал.

А після цього ви можете відчути віру, знання та впевненість, що в залежній людині поруч з вами є потенціал, який може розкритися.

І це може вплинути на ваші стосунки.

На ваш прояв, який стає більш продуктивнім і допомагає і вам, і цій іншій людині теж.

Тобто спочатку ви працюєте з образом залежної людини в своєму власному сприйнятті, а потім проявляєте результат в спілкуванні з нею.

Головне не забувати про право свободи кожного, навіть образа.

Результат проявляється спонтанно після того, як зміни відбуваються в вашому баченні.

Це особливий додатковий шлях для співзалежних, який ви можете використати, якщо це вас стосується.

А в цілому, співзалежність можна розглядати, як вже йшлося, як "залежність від залежного".

І тоді все, що написано вище про залежність, підходить і вам.

ВИСНОВОК

Залежність є важкою і складною проблемою, але правильне та глибоке її розуміння відкриває шлях, яким ми можемо пройти, щоб допомогти собі або іншій людині позбутися залежності і відкрити свободу.

Я хотів би, щоб ця книга теж стала підтримкою на цьому шляху.

Звісно, це не індивідуальна терапія, але тут є інформація, яка може бути корисною.

А подальший шлях ви можете знайти самостійно.

Щиро бажаю вам успіху!

А якщо буде бажання - звертайтеся по навчання та індивідуальні сесії! Буду радий стати вам у пригоді!

Також буду радий зворотньому зв'язку від вас!

На все добре! Та, можливо, до зустрічі!

ДОДАТКОВІ МАТЕРІАЛИ

Як додатковий матеріал ви можете подивитись відеозапис майстер-класу по Терапії усвідомленням залежності, який я проводив ще до війни, російською мовою на моєму Ютуб-каналі Ігор Каніфольський | Терапія усвідомленням.

Також ви можете ознайомитись з теоретичною частиною заняття по залежності Базового курсу навчання Терапії усвідомленням, який пройшов влітку 22-го року українською на тому ж самому каналі, Плейлист: Теорія Базового курсу Терапії усвідомленням.

Також я створив інструкцію для чату GPT, якою ви можете скористатися, щоб перетворити його на "асистента усвідомлення", можливо це стане вам у пригоді. Знайти її можна на моєму сайті.

На цьому прощаюсь з вами, з вірою в ваш потенціал,

ваш, Ігор Каніфольський.

Бажаю вам звільнитися від будь-якої залежності!

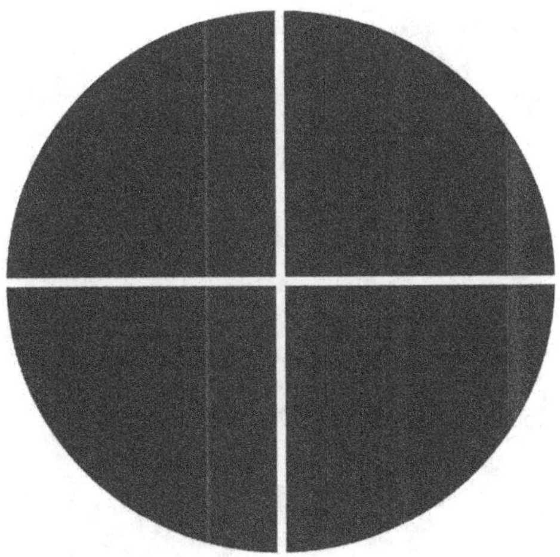

Та нехай сила усвідомлення допоможе вам!

Питання та зворотній звязок можна надсилати на ikanifolsky@gmail.com.